中华人民共和国
法律援助法

大字学习版

中国法制出版社
CHINA LEGAL PUBLISHING HOUSE

编辑说明

全民普法是全面依法治国的长期基础性工作。为方便广大读者学习法律法规，中国法制出版社全新编写了“法律法规大字学习版”丛书。在确保法律文本准确的基础上，对法条内容进行了必要的编辑加工，体例新颖，内容翔实，以帮助广大读者学习法律法规，真正让法律走到读者身边、走进读者心里。

本丛书的特点如下：

1. 大字醒目。正文法条内容通过双色印刷、大字号、宽行距等精心设计，版式舒朗，阅读顺畅，致力于为读者带来更佳的阅读体验。

2. 双色标注。对法条以双色、星级及波浪线等形式标注，既能有效消除读者对复杂、烦琐法条的畏难心理，又能帮助读者迅速把握法律法规的脉络。

3. 关联注释。在法条下方标注【相关法条】，方便读者查找翻阅关联内容，举一反三，融会贯通；同时对不易理解的法条，通过【注释】【生活小案例】【典型案例】【小测试】等版块设计，从立法背景、内容要义、实践应用等多维度帮助读者理解法条，力求帮助读者学懂弄通会用。

4. 实用图表。立足读者实际需求，以图表形式对所收录的法律法规重点内容进行总结提炼，贴近生活，通俗易懂，帮助读者更加直观地理解核心条款。

5. 电子增补。为了帮助读者随时掌握法律法规的最新动态，本丛书将适时进行电子增补，请读者登录中国法制出版社网站 http：//www.zgfzs.com“资源下载”频道或者关注我社官方微信公众号“中国法制出版社”免费下载。

中国法制出版社

凡　例

简　称	全　称
残疾人保障法	中华人民共和国残疾人保障法
法律援助法	中华人民共和国法律援助法
妇女权益保障法	中华人民共和国妇女权益保障法
个人所得税法	中华人民共和国个人所得税法
公益事业捐赠法	中华人民共和国公益事业捐赠法
禁毒法	中华人民共和国禁毒法
军人地位和权益保障法	中华人民共和国军人地位和权益保障法
劳动争议调解仲裁法	中华人民共和国劳动争议调解仲裁法

续表

简　称	全　称
老年人权益保障法	中华人民共和国老年人权益保障法
律师法	中华人民共和国律师法
民法典	中华人民共和国民法典
民事诉讼法	中华人民共和国民事诉讼法
企业所得税法	中华人民共和国企业所得税法
退役军人保障法	中华人民共和国退役军人保障法
未成年人保护法	中华人民共和国未成年人保护法
刑法	中华人民共和国刑法
刑事诉讼法	中华人民共和国刑事诉讼法
行政复议法	中华人民共和国行政复议法
行政诉讼法	中华人民共和国行政诉讼法
英雄烈士保护法	中华人民共和国英雄烈士保护法

续表

简　称	全　称
仲裁法	中华人民共和国仲裁法
个人所得税法实施条例	中华人民共和国个人所得税法实施条例
企业所得税法实施条例	中华人民共和国企业所得税法实施条例
政府信息公开条例	中华人民共和国政府信息公开条例

目　录

中华人民共和国法律援助法

（2021 年 8 月 20 日第十三届全国人民代表大会常务委员会第三十次会议通过　2021 年 8 月 20 日中华人民共和国主席令第 93 号公布　自 2022 年 1 月 1 日起施行）

第一章　总　　则

第一条　【立法目的】[①] 为了规范和促进法律援助工作，保障公民和有关当事人的合法权益，保障法律正确实施，维护社会公平正义，制定本法。

注　释

法律援助工作是体现以人民为中心的发展思想，切实维护人民群众合法权益的一项重要民生工程，有利于贯彻公民在法律面前一律平等的宪法原则，使公民不论经济条件好坏、社会地位高低都能获得必要的法律服务；有利于

① 本书条文主旨为编者所加，下同。

保障社会公平正义，保证人民群众在遇到法律问题或者权利受到侵害时获得及时有效的法律帮助。党的十八届三中、四中全会明确提出，完善法律援助制度，扩大援助范围。中共中央办公厅、国务院办公厅《关于完善法律援助制度的意见》提出，推进法律援助立法工作，提高法治化水平。

2003 年，国务院制定《法律援助条例》，为规范和促进法律援助事业发展发挥了重要作用。近年来，法律援助覆盖面逐步扩大，服务质量不断提高，制度建设积极推进，保障能力逐步增强。但随着我国经济社会不断发展，社会主要矛盾转化为人民日益增长的美好生活需要和不平衡不充分的发展之间的矛盾，人民群众在民主、法治、公平、正义、安全、环境等方面的要求日益增长。现行《法律援助条例》已经不能很好地适应法律援助工作的需要，与人民群众特别是困难群众日益增长的法律援助需求相比，法律援助工作还存在制度不够完善、保障不够充分、援助范围亟待扩大等问题。及时制定《法律援助法》，是贯彻落实中央关于推进全面依法治国的重大战略部署，完善中国特色社会主义法律援助制度的必然要求，是努力让人民群众在每一个司法案件中感受到公平正义的重要举措，对于更好地维护公民合法权益、维护法律正确实施、维护社会公平正义具有十分重要的意义。

☞ **相关法条**

《刑事诉讼法》第35条

《军人地位和权益保障法》第61条

《未成年人保护法》第104条

★ **第二条 【基本含义】** 本法所称法律援助，是国家建立的为经济困难公民和符合法定条件的其他当事人无偿提供法律咨询、代理、刑事辩护等法律服务的制度，是公共法律服务体系的组成部分。

注释

法律援助法是社会法，法律援助制度是国家公共法律服务体系的组成部分。本条明确了法律援助属于国家责任。

《法律援助法》通过完善法律制度，努力实现两个目的：一是让符合条件的更多力量有更多渠道和形式参与法律援助，更有积极性地开展法律援助工作；二是让更多需要法律援助的人更便利地享受更有质量的法律援助服务。

根据本条规定，法律援助对象除经济困难的公民外，还包括诉讼中符合法定条件的当事人（不限于公民）。考虑到我国法律援助发展现状及保障水平，对福利机构、提起公益诉讼的社会组织等非自然人，各地可组织律师提供减免费用等法律服务，根据实际情况在实践中继续探索，法律中暂不作明确规定。

☞ **相关法条**

《律师法》第 28 条

《法律援助条例》第 2 条

《关于刑事诉讼法律援助工作的规定》第 5 条

《司法鉴定与法律援助工作衔接管理办法（试行）》

第三条　【基本原则】法律援助工作坚持中国共产党领导，坚持以人民为中心，尊重和保障人权，遵循公开、公平、公正的原则，实行国家保障与社会参与相结合。

注释

本条是关于法律援助工作基本原则的规定。法律援助工作的基本原则贯穿于全部法律援助具体规范之中，对法律援助工作实施具有普遍指导意义。

法律援助工作的基本原则具有适用效力。一是法律援助工作的基本原则作为法律援助法律法规解释的基准。法律援助基本原则的适用，为法律解释活动提供了基本解释基准。在对法律条文进行解释时，如有两种相反的含义，则应采用其中符合于法律援助基本原则的含义。二是法律援助工作的基本原则作为补充法律漏洞的工具。法律援助工作的基本原则不仅是解释法律援助法律法规的基准，而且是补充法律漏洞的工具。在现行法律缺乏相应的具体规范、出现法律漏洞时，法院可直接适用法律援助的基本原则以裁判案件。

第四条 【法律援助保障体系】 县级以上人民政府应当将法律援助工作纳入国民经济和社会发展规划、基本公共服务体系，保障法律援助事业与经济社会协调发展。

县级以上人民政府应当健全法律援助保障体系，将法律援助相关经费列入本级政府预算，建立动态调整机制，保障法律援助工作需要，促进法律援助均衡发展。

注 释

本条是关于法律援助的政府职责的规定。国民经济和社会发展规划是人民政府统筹安排和指导全国或某一地区的社会、经济、文化建设工作的计划。县级以上人民政府应当将法律援助工作纳入规划，意味着安排法律援助工作成为政府法定职责。2017 年 1 月国务院发布的《“十三五”推进基本公共服务均等化规划》，提出将法律援助列入我国基本公共服务。法律援助工作发挥了保障基本人权、扶助社会弱势群体的作用，应当由县级以上人民政府纳入属于生存型的基本公共服务体系。城乡之间、地区之间以及法律援助制度内部各要素之间亦存在发展不充分、不平衡的问题，因此政府要发挥保障作用，根据本行政区域经济发展状况和法律援助工作需要，建立和保障与经济社会发展水平相适应的法律援助事业。

☞ **相关法条**

《军人地位和权益保障法》第 7 条

《未成年人保护法》第 8 条

《老年人权益保障法》第 6 条

《法律援助条例》第 3 条、第 5 条

第五条　【法律援助工作的指导监督】国务院司法行政部门指导、监督全国的法律援助工作。县级以上地方人民政府司法行政部门指导、监督本行政区域的法律援助工作。

县级以上人民政府其他有关部门依照各自职责，为法律援助工作提供支持和保障。

☞ **相关法条**

《保障农民工工资支付条例》第 45 条

《居住证暂行条例》第 12 条

《法律援助条例》第 4 条

★ **第六条　【公检法机关保障职责】**人民法院、人民检察院、公安机关应当在各自职责范围内保障当事人依法获得法律援助，为法律援助人员开展工作提供便利。

注释

法律援助制度作为一项公共服务与公益事业，是由国家来承担的国家义务，属于政府责任。这里的“政府”是指广义政府，包括立法机关、行政机关、司法机关等国家机关。

法律援助制度已经逐步成为司法制度的一部分，是保障法院公正审判的重要机制，也是健全司法制度实现社会正义的有机组成部分。虽然法律援助工作的主管部门是司法行政机关并由法律援助机构来具体实施，但其他国家机关仍承担保障功能。根据本法第5条、第6条的规定，各个国家机关在实现法律援助服务的工作上体现的是分工合作的原则。

☞ 相关法条

《刑事诉讼法》第35条、第36条、第39条、第278条、第293条、第304条

《律师法》第35条

《未成年人保护法》第104条、第111条、第114条、

第 115 条

《关于依法保障律师执业权利的规定》第 2 条、第 14 条

《关于适用认罪认罚从宽制度的指导意见》

第七条　【行业协会职责】律师协会应当指导和支持律师事务所、律师参与法律援助工作。

☞ **相关法条**

《律师法》第 42 条、第 43 条、第 45 条、第 47 条、第 50 条

《法律援助条例》第 8 条

《关于刑事诉讼法律援助工作的规定》第 26 条

《中华全国律师协会章程》第 6 条

★ **第八条　【群团组织、事业单位、社会组织】**国家鼓励和支持群团组织、事业单位、社会组织在司法行政部门指导下，依法提供法律援助。

注释

我国的群团组织、事业单位、社会组织拥有较多的法律专业人才，蕴存着较大的资源优势。有效调动群团组织、事业单位、社会组织的积极性，发挥其各自专长，是做好法律援助工作的重要方面。国家倡导并允许群团组织、事业单位、社会组织依法提供法律援助，并为其创造良好便利的条件和环境。群团组织、事业单位、社会组织可以主动要求司法行政部门安排其办理法律援助案件，也可以独立开展法律援助，为受援人无偿提供法律服务。

☞ **相关法条**

《法律援助法》第 68 条

《刑事诉讼法》第 35 条

《未成年人保护法》第 104 条

《妇女权益保障法》第 52 条

《老年人权益保障法》第 56 条

《法律援助条例》第 8 条

《工会法律援助办法》第 3~5 条

第九条　【社会力量支持】国家鼓励和支持企业事业单位、社会组织和个人等社会力量，依法通过捐赠等方式为法律援助事业提供支持；对符合条件的，给予税收优惠。

☞ **相关法条**

《民法典》第 658~660 条、第 663 条、第 665 条

《公益事业捐赠法》第 2、3、4 章

《企业所得税法》第 9 条

《企业所得税法实施条例》第 53 条

《个人所得税法》第 6 条

《个人所得税法实施条例》第 19 条

第十条　【法律援助宣传教育】司法行政部门应当开展经常性的法律援助宣传教育，普及法律援助知识。

新闻媒体应当积极开展法律援助公益宣传，并加强舆论监督。

注 释

本条明确了法律援助宣传的两大主体及其职责。

第1款指向司法行政部门。司法行政部门的相关职能和主要职责包括拟定法治宣传教育规划，组织实施普法宣传工作。司法行政部门既是法治宣传教育的组织者、实施者，又是法律援助工作的指导者、监督者、支持者、保障者。

第2款指向新闻媒体。与司法行政部门相比，新闻媒体在法律援助的宣传方面的两个特色：一是突出"公益"性质；二是突出"舆论监督"。

☞ **相关法条**

《法治政府建设实施纲要（2021—2025年）》

《关于完善法律援助制度的意见》

第十一条　【突出贡献的表彰奖励】 国家对在法律援助工作中做出突出贡献的组织和个人，按照有关规定给予表彰、奖励。

▶▶小测试◀◀ *①

1. 法律援助，是国家建立的为经济困难公民和符合法定条件的其他当事人无偿提供法律咨询、代理、刑事辩护等法律服务的制度，是公共法律服务体系的组成部分。(　　)

2. 人民法院、人民检察院、公安机关应当在各自职责范围内保障当事人依法获得法律援助，为法律援助人员开展工作提供便利。(　　)

3. (　　) 应当指导和支持律师事务所、律师参与法律援助工作。

A. 司法行政部门

B. 律师协会

C. 法律援助机构

D. 人民检察院

4. 国家鼓励和支持____、____、社会组织在司法行政部门指导下，依法提供法律援助。

5. ____应当开展经常性的法律援助宣传教育，普及法律援助知识。

* 本书小测试依次设置判断、选择、填空三种题型。

① 【答案】1. √。2. √。3. B。4. 群团组织；事业单位。5. 司法行政部门。

第二章　机构和人员

★ **第十二条　【法律援助机构设立及职能】** 县级以上人民政府司法行政部门应当设立法律援助机构。法律援助机构负责组织实施法律援助工作，受理、审查法律援助申请，指派律师、基层法律服务工作者、法律援助志愿者等法律援助人员提供法律援助，支付法律援助补贴。

注释

以往法律援助大多是司法行政部门设立的法律援助机构根据当事人的申请，指派律师或者安排本机构人员，为符合条件的公民提供法律援助，渠道相对单一、力量较为有限。

对此，《法律援助法》进一步拓宽了提供法律援助的渠道，动员更多力量参与，大致明确了三个渠道：第一，本条规定的执业律师、法律援助机构律师、基层法律服务工作者、法律援助志愿者；第二，根据《法律援助法》第17条规定，法律援助志愿者包括高等院校、科研机构从事法学教育、研究工作的人员和法学专业学生，以及其他符合条件的个人依法提供法律援助；第三，根据《法律援助法》第68条规定，工会、共青团、妇联、残联等群团组织参照本法规定开展的法律援助工作。

☞ **相关法条**

《法律援助条例》第4条、第19条

★ **第十三条　【法律援助受理和法律援助工作站或者联络点设立】** 法律援助机构根据工作需要，可以安排本机构具有律师资格或者法律职业资格的工作人员提供法律援助；可以设置法律援助工作站或者联络点，就近受理法律援助申请。

注释

为满足实际需要，法律援助机构指派本机构具有一定资格的工作人员提供法律援助，是现实做法，本条为法律上的具体体现。

具体负责办理法律援助案件的主要有两类人员：一类是法律援助机构具有律师资格的工作人员；另一类是法律援助机构具有法律职业资格的工作人员。

便民服务原则是法律援助的一项重要原则，法律援助机构可以根据工作需要，在法院、检察院看守所、工会、妇联、残联等部门，为贫困户、残疾人、老年人、妇女、未成年人、农民工、军人军属、重大事故受害者等困难群众，就近设置工作站或联络点，方便困难群众申请法律援助。

典型案例

对万某工伤赔偿纠纷提供法律援助案①

万某是在某公共交通集团有限公司担任驾驶员的外来务工人员。2018 年 9 月，万某上班期间在公司驻站加油站加油时，发现车辆底部漏油，在清理完漏油部分起身时不慎摔倒，致使其受伤。经医院诊治，万某被确诊为脑损伤引发脑出血，被认定为工伤，劳动能力鉴定为八级伤残，属于部分丧失劳动能力。

万某就伤残补助金等赔偿问题多次找公司协商未果，于 2020 年 5 月 13 日来到内蒙古自治区鄂尔多斯市东胜区法律援助中心寻求帮助。东胜区法律援助中心审核万某提交的材料后，认为其符合法律援助条件，指派法律援助律师办理该案。

① 参见《司法部发布 12 起法援惠民生典型案例（一）》，载司法部网站，http：//www. moj. gov. cn/jgsz/jgszzsdw/zsdwflyzzx/flyzzxgzdt/202104/t20210416_ 356252. html，最后访问时间：2021 年 11 月 22 日。

法律援助承办律师接受指派后，向万某了解案件详细情况。为早日解决赔偿事宜，律师主动与公司相关负责人联系并进行多次协商，指出除工伤保险赔偿金外，公司依照法律规定还应支付其一次性用餐补助金差额，一次性就业补助金，停工留薪期工资，工伤保险未报销的医疗费用，治疗期间的误工费、护理费、伙食费、交通费及解除劳动关系的经济补偿金等，希望公司能够从人性化的角度和依法办事的原则出发，不要逃避责任，给予万某应得的赔偿。至此，双方态度有所缓解，但仍因赔偿数额差距较大不能达成一致意见。律师认为仅靠调解方式不易解决纠纷，建议万某申请劳动仲裁。

在承办律师的帮助下，万某向劳动争议仲裁机构提出了申请。劳动仲裁委受理案件后，公司开始主动寻求调解。最终，在法律援助承办律师和仲裁员的共同努力下，顺利化解了纠纷，以公司给付万某赔偿金 16 万元达成和解协议，由劳动仲裁委出具调解书结案。

☞ 相关法条

《刑事诉讼法》第 304 条

《法律援助条例》第 5 条、第 17 条、第 24 条

《最高人民法院关于适用〈中华人民共和国刑事诉讼法〉的解释》第 485 条

《办理法律援助案件程序规定》第18条、第21条

《国务院、中央军委关于进一步加强军人军属法律援助工作的意见》

★★ **第十四条　【派驻值班律师】**法律援助机构可以在人民法院、人民检察院和看守所等场所派驻值班律师，依法为没有辩护人的犯罪嫌疑人、被告人提供法律援助。

注释

本条是关于法律援助机构可以在公安局（看守所）、检察院、法院派驻值班律师的规定。

值班律师是指法律援助机构在看守所、人民检察院、人民法院等场所设立的法律援助工作站，通过派驻或安排的方式，为没有辩护人的犯罪嫌疑人、被告人提供法律帮助的律师。

2015年中共中央办公厅、国务院办公厅印发《关于完善法律援助制度的意见》，明确提出建立法律援助值班律师制度，法律援助机构在法院、看守所派驻法律援助值班律师。2018年修改的《刑事诉讼法》第36条确立了值班律师制度。2020年最高人民法院、最高人民检察院、公安部、国家安全部、司法部联合印发《法律援助值班律师工作办法》，对值班律师制度设计、值班律师工作职责、法

律帮助工作程序、值班律师工作保障等问题进行了全面系统、明确具体的规定。

《法律援助法》第2条、第22条明确了值班律师法律帮助是法律援助的一种服务形式，并通过第14条等规定对法律援助机构可以在人民法院、人民检察院和看守所等场所派驻值班律师，值班律师法律帮助的内容，保障值班律师履职，有关工作程序等作出具体规定。

☞ 相关法条

《刑事诉讼法》第35条、第36条、第39条、第173条、第174条

《最高人民法院关于适用〈中华人民共和国刑事诉讼法〉的解释》第44条

《公安机关办理刑事案件程序规定》第49条

《人民检察院刑事诉讼规则》第40~45条

第十五条　【政府采购】 司法行政部门可以通过政府采购等方式，择优选择律师事务所等法律服务机构为受援人提供法律援助。

注释

长期以来，法律援助服务基本由政府机构组织实施，对社会力量的动员、吸纳存在不足。由于法律援助项目的

实施一直沿用“定额补贴”的模式，法律援助项目并没有按照政府采购项目的程序和规则来运行。根据党的十八届三中全会精神及《关于完善法律援助制度的意见》，考虑到财政负担等问题，在建立法律援助政府采购服务过程中，应逐步由“补贴模式”向“政府采购”过渡。政府通过招投标方式购买法律援助服务，是推进法律援助工作的一项重要举措。

☞ **相关法条**

《律师法》第42条

《法律援助条例》第6条

第十六条　【法律援助义务主体】 律师事务所、基层法律服务所、律师、基层法律服务工作者负有依法提供法律援助的义务。

律师事务所、基层法律服务所应当支持和保障本所律师、基层法律服务工作者履行法律援助义务。

注释

根据本条规定，法律援助的义务主体从律师扩大到律师事务所、基层法律服务所、律师、基层法律服务工作者四类主体，这四类主体都负有依法提供法律援助的义务。在本所律师、基层法律服务工作者履行法律援助义务的过程中，律师事务所、基层法律服务所应当在时间、经济、精神上予以支持和保障，不得因律师、基层法律服务工作者履行法律援助义务，而给予歧视待遇或克扣奖金福利。

☞ 相关法条

《最高人民法院关于适用〈中华人民共和国民事诉讼法〉的解释》第 88 条

《关于刑事诉讼法律援助工作的规定》第 26 条

《律师执业管理办法》第 45 条

《办理法律援助案件程序规定》第 22 条

《基层法律服务所管理办法》第 36 条

《律师事务所管理办法》第 48 条

《办理法律援助案件程序规定》第 21 条、第 22 条

★★ **第十七条　【法律援助志愿服务】**国家鼓励和规范法律援助志愿服务；支持符合条件的个人作为法律援助志愿者，依法提供法律援助。

高等院校、科研机构可以组织从事法学教育、研究工作的人员和法学专业学生作为法律援助志愿者，在司法行政部门指导下，为当事人提供法律咨询、代拟法律文书等法律援助。

法律援助志愿者具体管理办法由国务院有关部门规定。

注释

本条是关于法律援助志愿者的规定。在当前法律援助供给不足的情形下，通过立法的方式支持和鼓励社会组织、企事业单位以及个人参与法律援助工作，是提高法律援助能力的有效途径之一。从实践来看，法律援助的社会参与主要有以下几种类型：一是工会、共青团、妇联、残联等社会团体建立的群体性的法律援助机构，一般为团体成员等提供相关的法律援助服务。二是与法学相关的高等院校、科研院所以及其他企事业单位利用自身的资源优势提供法律援助服务。三是通过招募法律服务志愿者参与提供法律服务。由于法律工作具有较强的专业性，参与提供法律援助的个人应当具备相应的法律专业知识或资格。

☞ **相关法条**

《志愿服务条例》第 23 条、第 32 条

第十八条　【法律服务资源依法跨区域流动机制】 国家建立健全法律服务资源依法跨区域流动机制，鼓励和支持律师事务所、律师、法律援助志愿者等在法律服务资源相对短缺地区提供法律援助。

注释

考虑到当前律师资源分布不均，中西部地区仍有一些无律师或者律师资源缺乏的地方，出于合理调配法律服务资源，为偏远地区开展法律援助工作提供更多支持的考量，本条作了相应规定。

★ **第十九条　【法律援助人员的职责】**法律援助人员应当依法履行职责，及时为受援人提供符合标准的法律援助服务，维护受援人的合法权益。

注释

本条规定了法律援助人员的法定职责。

与一般的代理案件不同，在自愿与有偿原则下，一般代理案件的法律服务提供质量通常与律师的收入挂钩，法律服务质量可由等价有偿的市场规则进行保障。但在法律援助案件中，法律援助是因受援人经济困难或其他法定原因而产生，受援人在司法审判中处于较为弱势的地位，同时法律援助人员经过法律援助机构指派且无偿提供法律援助，若对法律援助人员不附加相关的法定义务，则法律援助极有可能流于形式，达不到实施法律援助制度的目的。

同时，由于法律援助本身是一种为了保障当事人享有最基本的诉讼权利、实现司法公正公益性和保障性的制度，且法律援助人员的专业水平不一，若对法律援助人员科以提供高质量的法律援助服务的要求，既不符合法理，也不符合常情，为了便于对法律援助进行评价，本条对法律援助人员实施法律援助服务提出的要求为“提供符合标准的法律援助服务”。

典型案例

江苏省昆山市法律援助中心对赵某某送餐受伤纠纷提供法律援助案①

赵某某于2020年1月20日应聘做“外卖骑手”，约定按单计酬、每单6元。1月25日，赵某某在下班途中接到外卖站点让其加班送餐的电话。赵某某在送餐途中，不慎撞到非机动车护栏倒地受伤，自行前往医院就诊。赵某某是孤儿，因无钱住院治疗，被迫选择在家养伤。一个多月后，赵某某强行拆掉绷带到外卖站点上班。

① 参见《司法部发布12起法援惠民生典型案例（一）》，载司法部网站，http：//www.moj.gov.cn/jgsz/jgszzsdw/zsdwflyzzx/flyzzxgzdt/202104/t20210416_356252.html，最后访问时间：2021年11月22日。

赵某某是农民工，到江苏省昆山市法律援助中心咨询并申请法律援助。昆山市法律援助中心认为其情况符合法律援助条件，决定为其提供法律援助，并指派律师承办此案。承办律师接案后，注意到赵某某没有在受伤后第一时间报警，因刚入职没有受伤前的工资流水记录，也没有书面劳动合同和社会保险交纳记录。承办律师通过深入调查取证发现，赵某某有受伤后上班时外卖站点通过第三方公司发放的工资流水，以及就受伤事故跟外卖站点沟通的录音等。结合以上证据，承办律师准备先确认劳动关系，再进行工伤认定和工伤理赔。

在仲裁阶段，承办律师就劳动关系确认多次与仲裁员沟通：赵某某是外卖站点的专职人员，站点对其有上下线的时间要求，说明其需要服从站点管理；赵某某的工资虽不设底薪，根据接单数量进行结算，但是由站点统一确认结算，应当认定其与外卖站点存在劳动关系。同时，承办律师积极与用工单位沟通，陈述赵某某生活窘迫的实际境况，希望公司能够依法给予申报工伤，尽快进行工伤赔偿。

最终，双方达成调解协议：公司与赵某某终止劳动关系，由外卖站点在三日内结算赵某某剩余工资，帮助其缓解生活困境，站点同时配合申报工伤，并在鉴定后两个月内给予工伤赔偿。

这是一起法律援助维护农民工权益的典型案例。本案中，法律援助承办律师从认定劳动关系的“三要素”着手，结合证据材料，帮助受援人成功确定与外卖站点之间的劳动关系，并积极促成双方达成调解协议，对今后处理同类案例具有参考意义。

☞ **相关法条**

《律师法》第 42 条

《法律援助条例》第 6 条

《律师执业管理办法》第 45 条

《办理法律援助案件程序规定》第 23 条

★ **第二十条　【法律援助人员职业道德和执业纪律】**法律援助人员应当恪守职业道德和执业纪律，不得向受援人收取任何财物。

注释

法律援助人员不得向受援人收取任何财物是法律援助人员恪守职业道德和执业纪律最重要的内容之一。法律援助的目的是保障公民平等地进入法律程序中，实现司法公正，因此无偿是法律援助的本质要求。法律援助作为一项政府责任，属于政府提供公共服务的范畴。法律援助人员受法律援助机构的指派，在法律援助过程中产生的必要支出应当由政府来承担。因此，法律援助人员不得向受援人收受任何财物，向受援人收受财物既违反了法律援助制度提供无偿法律服务的本意，也违背了法律援助人员基于指派提供服务的执业纪律。

☞ **相关法条**

《律师法》第 3 条

《法律援助条例》第 22 条

《关于民事诉讼法律援助工作的规定》第 13 条

《关于刑事诉讼法律援助工作的规定》第 25 条

★ **第二十一条　【保密义务】** 法律援助机构、法律援助人员对提供法律援助过程中知悉的国家秘密、商业秘密和个人隐私应当予以保密。

☞ **相关法条**

《律师法》第 38 条

《民法典》第 501 条

《律师执业管理办法》第 43 条

▶▶小测试◀◀①

1. 法律援助机构、法律援助人员对提供法律援助过程中知悉的个人隐私，可以作为新闻线索向新闻媒体提供。(　　)

2. 法律援助机构可以在人民法院、人民检察院和看守所等场所派驻值班律师，依法为没有辩护人的犯罪嫌疑人、被告人提供法律援助。(　　)

3. (　　) 负有依法提供法律援助的义务。

A. 律师事务所

B. 基层法律服务所

C. 律师

D. 基层法律服务工作者

4. 司法行政部门可以通过____等方式，择优选择律师事务所等法律服务机构为受援人提供法律援助。

5. ____、科研机构可以组织从事法学教育、研究工作的人员和法学专业学生作为法律援助志愿者，在司法行政部门指导下，为当事人提供法律咨询、____等法律援助。

① 【答案】1. ×，解析：《法律援助法》第 21 条。2. √。3. ABCD。4. 政府采购。5. 高等院校；代拟法律文书。

第三章　形式和范围

☆☆ 第二十二条　【法律援助服务形式】法律援助机构可以组织法律援助人员依法提供下列形式的法律援助服务：

（一）法律咨询；

（二）代拟法律文书；

（三）刑事辩护与代理；

（四）民事案件、行政案件、国家赔偿案件的诉讼代理及非诉讼代理；

（五）值班律师法律帮助；

（六）劳动争议调解与仲裁代理；

（七）法律、法规、规章规定的其他形式。

注释

当事人维护合法权益的法律服务需求是多方面的，有的关于诉讼事项，还有许多关于非诉讼事项。根据本条规定，法律援助人员可以根据实际情况，采取多种形式为当事人提供法律援助。另外，本条设置了兜底条款，为今后通过立法或者制定行政法规、地方性法规等扩大法律援助范围提供了依据。

☞ **相关法条**

《律师法》第28条

《刑事诉讼法》第36条

《律师执业管理办法》第25条

《律师和律师事务所违法行为处罚办法》第7条

★ **第二十三条　【法律咨询服务提供】** 法律援助机构应当通过服务窗口、电话、网络等多种方式提供法律咨询服务；提示当事人享有依法申请法律援助的权利，并告知申请法律援助的条件和程序。

☞ **相关法条**

《办理法律援助案件程序规定》第24条

★★ **第二十四条　【刑事法律援助申请】** 刑事案件的犯罪嫌疑人、被告人因经济困难或者其他原因没有委托辩护人的，本人及其近亲属可以向法律援助机构申请法律援助。

注释

本条是关于刑事案件的犯罪嫌疑人、被告人被指定获得刑事法律援助的法定条件的规定。

2017年《最高人民法院司法部关于开展刑事案件律师辩护全覆盖试点工作的办法》首次提出了刑事案件律师辩护全覆盖这一概念。刑事案件律师辩护全覆盖是指对于适用普通程序审理的第一审、第二审以及按照审判监督程序审理的刑事案件，被告人没有委托辩护人的，其就享有接受指定辩护的权利；按照简易程序、速裁程序审理的案件，被告人没有辩护人的，享有接受指定律师帮助的权利。

此外，在实践适用中需要注意，只有本人及其近亲属可以向法律援助机构申请法律援助，并且必须满足“本人由于经济困难或者其他原因没有委托辩护人”这一条件，如果犯罪嫌疑人与被告人本人经济并不困难，只是不愿意出具高额的律师辩护费用，则不符合依法申请类型的刑事法律援助的法定条件。

☞ 相关法条

《刑事诉讼法》第35条、第293条

☆☆ 第二十五条　【法律援助机构指派律师担任辩护人的法定情形】 刑事案件的犯罪嫌疑人、被告人属于下列人员之一，没有委托辩护人的，人民法院、人民检察院、公安机关应当通知法律援助机构指派律师担任辩护人：

（一）未成年人；

（二）视力、听力、言语残疾人；

（三）不能完全辨认自己行为的成年人；

（四）可能被判处无期徒刑、死刑的人；

（五）申请法律援助的死刑复核案件被告人；

（六）缺席审判案件的被告人；

（七）法律法规规定的其他人员。

其他适用普通程序审理的刑事案件，被告人没有委托辩护人的，人民法院可以通知法律援助机构指派律师担任辩护人。

注释

本条为刑事法律援助事项的规定。结合刑事案件律师辩护全覆盖试点工作，增加规定刑事案件的犯罪嫌疑人、被告人没有委托辩护人的，司法机关通知的法律援助事项包括“适用普通程序审判案件的被告人”“死刑复核案件的被告人”。另外，增加其他适用普通程序审理的案件亦可根据实际情况提供法律援助的规定，是加大人权司法保障力度的体现。

本条第 7 项设置了兜底条款，为今后通过立法或者制定行政法规、地方性法规等扩大法律援助范围提供了依据。

另外，《未成年人保护法》第 104 条规定，对需要法律援助或者司法救助的未成年人，法律援助机构或者公安机关、人民检察院、人民法院和司法行政部门应当给予帮助，依法为其提供法律援助或者司法救助。法律援助机构应当指派熟悉未成年人身心特点的律师为未成年人提供法律援助服务。法律援助机构和律师协会应当对办理未成年人法律援助案件的律师进行指导和培训。第 111 条规定，公安机关、人民检察院、人民法院应当与其他有关政府部门、人民团体、社会组织互相配合，对遭受性侵害或者暴力伤害的未成年被害人及其家庭实施必要的心理干预、经济救助、法律援助、转学安置等保护措施。第 116 条规定，国家鼓励和支持社会组织、社会工作者参与涉及未成年人案件中未成年人的心理干预、法律援助、社会调查、社会观护、教育矫治、社区矫正等工作。

☞ 相关法条

《刑事诉讼法》第 293 条

《最高人民法院关于适用〈中华人民共和国刑事诉讼法〉的解释》第 47 条

《人民检察院刑事诉讼规则》第 42 条

《关于刑事诉讼法律援助工作的规定》第 9 条、第 13 条

★★ **第二十六条　【重刑刑事案件法律援助】**对可能被判处无期徒刑、死刑的人，以及死刑复核案件的被告人，法律援助机构收到人民法院、人民检察院、公

安机关通知后，应当指派具有三年以上相关执业经历的律师担任辩护人。

注释

本条为本法第19条在刑事诉讼案件中的具体体现。根据本条规定，对于可能被判处无期徒刑、死刑的人以及死刑复核案件的被告人，法律援助机构应当指派具有3年以上相关执业经历的律师担任辩护人。之所以作此规定，是因为可能被判处无期徒刑、死刑以及已经被判处死刑的犯罪分子，应当享有更高质量的辩护权，指派具有丰富辩护经验的律师为其进行辩护，能够使上述类型案件的裁判结果在更大程度上实现实质正义。

★ **第二十七条　【犯罪嫌疑人、被告人委托辩护权保障】** 人民法院、人民检察院、公安机关通知法律援助机构指派律师担任辩护人时，不得限制或者损害犯罪嫌疑人、被告人委托辩护人的权利。

注释

人民法院、人民检察院、公安机关和有关部门在办理案件或者相关事务中，应当及时告知有关当事人法律关于保障犯罪嫌疑人、被告人委托辩护权的规定。司法办案机关不得强制或变相强制为被告人指定辩护。这是尊重当事人辩护权的体现。根据此条规定，犯罪嫌疑人、被告人能够更加充分地行使辩护权，甄别更加适合案件情形的人为自己提供辩护。

面对一些法律援助律师不切实履行辩护职责的不当行为，通过本条及相关的规定，犯罪嫌疑人、被告人可以依法重新委托辩护人，或者请求重新指定辩护律师。例如，《人民检察院刑事诉讼规则》第44条规定，属于应当提供法律援助的情形，犯罪嫌疑人拒绝法律援助机构指派的律师作为辩护人的，人民检察院应当查明拒绝的原因。有正当理由的，予以准许，但犯罪嫌疑人需另行委托辩护人；犯罪嫌疑人未另行委托辩护人的，应当书面通知法律援助机构另行指派律师为其提供辩护。

☞ 相关法条

《刑事诉讼法》第35条、第278条

《最高人民法院关于适用〈中华人民共和国刑事诉讼法〉的解释》第50条

《人民检察院刑事诉讼规则》第44条、第57条、第460条

★★ **第二十八条　【强制医疗案件的法律援助】** 强制医疗案件的被申请人或者被告人没有委托诉讼代理人的，人民法院应当通知法律援助机构指派律师为其提供法律援助。

注释

本条是关于强制医疗法律援助的规定。

强制医疗程序本质上是对公民自由权的限制与剥夺，若行为人的行为危害性小、经判断并没有继续危害社会的可能，不必采取强制医疗措施。公安机关或检察机关发现精神病人符合强制医疗条件的，应当向法院提出申请，由法院作出决定。为保障当事人的合法权益，保障强制医疗程序适用的正确性和适用标准的一致性，人民法院适用审理程序作出决定。

《刑事诉讼法》第 304 条规定，人民法院受理强制医疗的申请后，应当组成合议庭进行审理。人民法院审理强制医疗案件，应当通知被申请人或者被告人的法定代理人到场。被申请人或者被告人没有委托诉讼代理人的，人民法院应当通知法律援助机构指派律师为其提供法律帮助。

强制医疗案件中，对于没有委托诉讼代理人的当事人，本条规定了法院通知法律援助机构指派援助律师的义务。这是保障当事人在司法程序中能够利用法律知识充分保障个人权利的有效手段。

☞ 相关法条

《刑事诉讼法》第 304 条

《最高人民法院关于适用〈中华人民共和国刑事诉讼

法〉的解释》第634条

《人民检察院刑事诉讼规则》第545条

《关于刑事诉讼法律援助工作的规定》第24条

★ **第二十九条　【被害人、自诉人及原告人等法律援助申请】** 刑事公诉案件的被害人及其法定代理人或者近亲属，刑事自诉案件的自诉人及其法定代理人，刑事附带民事诉讼案件的原告人及其法定代理人，因经济困难没有委托诉讼代理人的，可以向法律援助机构申请法律援助。

注释

本条规定了被害人、原告人等申请刑事法律援助的法定条件。与《法律援助条例》相比，本条的变化体现为：其一，增加刑事附带民事诉讼案件的原告人及其法定代理人申请法律援助的规定。其二，对刑事公诉案件中的被害人及其法定代理人或者近亲属申请法律援助的具体时间不再予以限制（原为自案件移送审查起诉之日起），只规定了“因经济困难没有委托诉讼代理人”这一要件，使被害人及其法定代理人或者近亲属可以更早接受法律援助。其三，对自诉案件的自诉人及其法定代理人申请法律援助的具体时间不再予以限制（原为自案件被人民法院受理之日起），只规定了“因经济困难没有委托诉讼代理人”这一要件，使自诉人及其法定代理人在提起自诉的情形中享有获得法律援助的权利。

另外，在审查起诉阶段和审判阶段，人民检察院和人民法院负有告知相关当事人享有申请法律援助权利的义务。《人民检察院刑事诉讼规则》第55条第1款规定："人民检察院自收到移送起诉案卷材料之日起三日以内，应当告知被害人及其法定代理人或者其近亲属、附带民事诉讼的当事人及其法定代理人有权委托诉讼代理人。被害人及其法定代理人、近亲属因经济困难没有委托诉讼代理人的，应当告知其可以申请法律援助。"《最高人民法院关于适用〈中华人民共和国刑事诉讼法〉的解释》第62条规定："人民法院自受理自诉案件之日起三日以内，应当告知自诉人及其法定代理人、附带民事诉讼当事人及其法定代理人，有权委托诉讼代理人，并告知其如果经济困难，可以申请法律援助。"

☞ 相关法条

《刑事诉讼法》第46条

《法律援助条例》第11条

《人民检察院刑事诉讼规则》第55条第1款

《最高人民法院关于适用〈中华人民共和国刑事诉讼法〉的解释》第62条

★ **第三十条　【值班律师提供法律帮助】** 值班律师应当依法为没有辩护人的犯罪嫌疑人、被告人提供法律咨询、程序选择建议、申请变更强制措施、对案件处理提出意见等法律帮助。

注释

一般而言，值班律师不同于法律援助提供的辩护律师。《法律援助值班律师工作办法》第 2 条规定，值班律师，是指律援助机构在看守所、人民检察院、人民法院等场所设立法律援助工作站，通过派驻或安排的方式，为没有辩护人的犯罪嫌疑人、被告人提律帮助的律师。《刑事诉讼法》第 36 条规定，法律援助机构可以在人民法院、看守所等场所派驻值班律师。犯罪嫌疑人、被告人没有委托辩护人，法律援助机构没有指派律师为其提供辩护的，由值班律师为犯罪嫌疑人、被告人提供法律咨询、程序选择建议、申请变更强制措施、对案件处理提出意见等法律帮助。人民法院、人民检察院、看守所应当告知犯罪嫌疑人、被告人有权约见值班律师，并为犯罪嫌疑人、被告人约见值班律师提供便利。《人民检察院刑事诉讼规则》第 268 条规定，人民检察院应当商法律援助机构设立法律援助工作站派驻值班律师或者及时安排值班律师，为犯罪嫌疑人提供法律咨询、程序选择建议、申请变更强制措施、对案件处理提出意见等法律帮助。人民检察院应当告知犯罪嫌疑人有权约见值班律师，并为其约见值班律师提供便利。根据上述规定，值班律师就是法律援助机构在看守所、人民检察院、人民法院等场所设立的，旨在为没有辩护人的犯罪嫌疑人、被告人提供法律帮助。

本条规定，值班律师的工作内容主要包括提供法律咨询、程序选择建议、申请变更强制措施、对案件处理提出意见等法律帮助。具体而言，《法律援助值班律师工作办法》第 6 条规定："值班律师依法提供以下法律帮助：（一）提供法律咨询；（二）提供程序选择建议；（三）帮助犯罪嫌疑人、被告人申请变更强制措施；（四）对案件处理提出意见；（五）帮助犯罪嫌疑人、被告人及其近亲属申请法律援助；（六）法律法规规定的其他事项。值班律师在认罪认罚案件中，还应当提供以下法律帮助：（一）向犯罪嫌疑人、被告人释明认罪认罚的性质和法律规定；（二）对人民检察院指控罪名、量刑建议、诉讼程序适用等事项提出意见；（三）犯罪嫌疑人签署认罪认罚具结书时在场。值班律师办理案件时，可以应犯罪嫌疑人、被告人的约见进行会见，也可以经办案机关允许主动会见；自人民检察院对案件审查起诉之日起可以查阅案卷材料、了解案情。"

典型案例

上海市静安区、崇明区法律援助中心对邢某某涉嫌非法猎捕、杀害珍贵、濒危野生动物罪提供法律援助案①

2019年8月6日，邢某某在未取得捕捞许可证的情况下，驾驶自购渔船行至上海市崇明区佘山岛北面水域，捕获一条疑似中华鲟活体，次日凌晨被崇明区渔政执法人员查获，并移交公安机关侦查。经权威部门鉴定，确认上述渔获物为中华鲟，系国家一级野生保护动物。

事发当日，邢某某被上海市公安局崇明分局刑事拘留，2019年9月10日被执行逮捕。同年12月9日，案件移送上海铁路运输检察院审查起诉。上海铁路运输检察院依法通知静安区法律援助中心为邢某某提供值班律师法律帮助。

值班律师接受指派后，前往崇明区看守所会见了受援人邢某某，向其了解案件事实、告知其权利义务，为其提供法律咨询。邢某某表示自愿认罪认罚，承担法律后果。

① 参见《法律援助值班律师典型案例案例一》，载司法部网站，http：//www.moj.gov.cn/pub/sfbgw/fzgz/fzgzggflfwx/fzgzggflfw/202101/t20210122_161146.html，最后访问时间：2021年11月22日。

值班律师随后向上海铁路运输检察院提出法律意见：邢某某系文盲，法律意识淡薄，主观恶性较小，对捕获中华鲟并不具有预谋性，到案后如实供述犯罪事实，认罪态度好，建议检察机关对其从轻量刑。

检察机关采纳了值班律师的意见，对邢某某提出一年以上、一年零三个月以下有期徒刑，并处罚金的量刑建议。邢某某对此认可，并在值班律师见证下签署了《认罪认罚具结书》。

2020 年 5 月 19 日，崇明区法律援助中心收到崇明区人民法院的通知后，指派法律援助律师担任邢某某的刑事辩护人。同时，因该案另涉及民事公益诉讼，邢某某又经济困难，故崇明区法律援助中心依法受理其申请，继续指派法律援助律师担任其民事代理人。

6 月 3 日，该刑事附带民事公益诉讼案在崇明区人民法院进行公开审理，法律援助律师依法为邢某某作罪轻辩护，并作为刑事附带民事公益诉讼一案中邢某某的一审诉讼代理人为其提供民事代理服务。

最终，崇明区人民法院判决被告人邢某某犯非法猎捕、杀害珍贵、濒危野生动物罪，判处其有期徒刑一年，并处罚金 5000 元，赔偿国家野生动物资源损失 4 万元。

本案系长三角区域首例非法猎捕、杀害中华鲟案。在审查起诉阶段，值班律师向犯罪嫌疑人提供法律咨询，对认罪认罚的法律后果进行告知，依法提出从轻处罚的法律意见，并对犯罪嫌疑人签署《认罪认罚具结书》的自愿性进行当场见证，有效保障了犯罪嫌疑人的诉讼权利，也为后续刑事附带民事公益诉讼的顺利开展创造了良好条件。

☞ **相关法条**

《刑事诉讼法》第 36 条

《法律援助值班律师工作办法》第 6 条

《人民检察院刑事诉讼规则》第 267 条、第 268 条

《公安机关办理刑事案件程序规定》第 49 条

☆☆ 第三十一条　【经济困难当事人法律援助申请】

下列事项的当事人，因经济困难没有委托代理人的，可以向法律援助机构申请法律援助：

（一）依法请求国家赔偿；

（二）请求给予社会保险待遇或者社会救助；

（三）请求发给抚恤金；

（四）请求给付赡养费、抚养费、扶养费；

（五）请求确认劳动关系或者支付劳动报酬；

（六）请求认定公民无民事行为能力或者限制民事行为能力；

（七）请求工伤事故、交通事故、食品药品安全事故、医疗事故人身损害赔偿；

（八）请求环境污染、生态破坏损害赔偿；

（九）法律、法规、规章规定的其他情形。

注释

本条是关于民事和行政法律援助事项范围的规定。本条在《法律援助条例》的基础上，扩大了法律援助的范围，进一步降低了法律援助的门槛，增加规定了请求社会救助、请求确认劳动关系，请求工伤事故、交通事故、食品药品安全事故、医疗事故人身损害赔偿，请求环境污染、生态破坏损害赔偿的情形。

本条与第 32 条都规定了公民可以申请民事和行政法律援助的事项范围。二者区别在于，本条规定事项需要当事人符合“因经济困难没有委托代理人”这一前提条件，而第 32 条的事项不受经济困难条件的限制。

本条设置了兜底条款，为今后通过立法或者制定行政法规、地方性法规等扩大法律援助范围提供了依据。

☆☆ **第三十二条　【申请法律援助不受经济困难条件限制的情形】** 有下列情形之一，当事人申请法律援助的，不受经济困难条件的限制：

（一）英雄烈士近亲属为维护英雄烈士的人格权益；

（二）因见义勇为行为主张相关民事权益；

（三）再审改判无罪请求国家赔偿；

（四）遭受虐待、遗弃或者家庭暴力的受害人主张相关权益；

（五）法律、法规、规章规定的其他情形。

注释

本条为申请法律援助不受经济困难条件限制的情形。法律援助的对象一般限于经济困难者，但是，为了更好地保障人权、实现司法公正，法律援助针对一些特殊对象和特殊情形免予经济条件的限制。需要注意的是，这一类事项仍然是依申请来启动法律援助程序。

☞ 相关法条

《民法典》第 183 条、第 185 条、第 1024 条

《军人地位和权益保障法》第 32 条

《法律援助条例》第 10 条、第 14 条

★ **第三十三条 【申诉、再审的法律援助申请】** 当事人不服司法机关生效裁判或者决定提出申诉或者申请再审，人民法院决定、裁定再审或者人民检察院提出抗诉，因经济困难没有委托辩护人或者诉讼代理人的，本人及其近亲属可以向法律援助机构申请法律援助。

注释

本条是关于申诉、再审案件法律援助的规定。为贯彻落实《中共中央关于全面推进依法治国若干重大问题的决定》中申诉逐步实行律师代理制度并纳入法律援助范围的精神，保障当事人依法行使申诉权利，更好地发挥社会专业力量化解申诉纠纷，维护司法公正，充分发挥律师和法律援助在社会矛盾纠纷化解工作中的积极作用，中共中央办公厅、国务院办公厅印发的《关于完善法律援助制度的意见》提出，扩大民事、行政法律援助覆盖面探索建立法律援助参与申诉案件代理制度，开展试点，逐步将不服司法机关生效民事和行政裁判、决定，聘不起律师的申诉人纳入法律援助范围。本条规定是对上述精神的立法体现。

☞ 相关法条

《关于完善法律援助制度的意见》

《关于刑事诉讼法律援助工作的规定》第5条

第三十四条　【经济困难标准制定】 经济困难的标准，由省、自治区、直辖市人民政府根据本行政区域经济发展状况和法律援助工作需要确定，并实行动态调整。

注 释

关于经济困难的认定，《办理法律援助案件程序规定》第 15 条规定：“法律援助机构经审查，对于有下列情形之一的，应当认定申请人经济困难：（一）申请人及与其共同生活的家庭成员的人均收入符合法律援助地方性法规或者省、自治区、直辖市人民政府规定的经济困难标准的；（二）申请事项的对方当事人是与申请人共同生活的家庭成员，申请人的个人收入符合法律援助地方性法规或者省、自治区、直辖市人民政府规定的经济困难标准的；（三）申请人持本规定第十条规定的证件、证明材料申请法律援助，法律援助机构经审查认为真实有效的。”

☞ 相关法条

《法律援助条例》第 5 条、第 13 条

《办理法律援助案件程序规定》第 15 条

▶▶小测试◀◀①

1. 法律援助机构应当通过服务窗口、电话、网络等多种方式提供法律咨询服务；提示当事人享有依法申请法律援助的权利，并告知申请法律援助的条件和程序。（　　）

① 【答案】1. √。2. ABCD。3. A。4. 死刑复核案件；3。5. 程序选择建议；变更强制措施。

2. 下列属于法律援助机构可以组织法律援助人员依法提供下列形式的法律援助服务的有：（　　）

A. 法律咨询

B. 刑事辩护与代理

C. 值班律师法律帮助

D. 劳动争议调解与仲裁代理

3. 刑事案件的犯罪嫌疑人、被告人因经济困难或者其他原因没有委托辩护人的，（　　）可以向法律援助机构申请法律援助。

A. 本人及其近亲属

B. 法定代理人

C. 值班律师

D. 委托代理人

4. 对可能被判处无期徒刑、死刑的人，以及____的被告人，法律援助机构收到人民法院、人民检察院、公安机关通知后，应当指派具有____年以上相关执业经历的律师担任辩护人。

5. 值班律师应当依法为没有辩护人的犯罪嫌疑人、被告人提供法律咨询、____、申请____、对案件处理提出意见等法律帮助。

第四章　程序和实施

第三十五条　【申请法律援助告知义务】 人民法院、人民检察院、公安机关和有关部门在办理案件或者相关事务中，应当及时告知有关当事人有权依法申请法律援助。

注释

本章对法律援助程序进行了规定，明确司法机关和有关部门通知指派、权利告知等义务，对提出法律援助申请、经济困难审查、决定和指派、办理情况报告等程序作出规定，明确免于经济困难审查、先行提供法律援助等情形。同时，对法律援助人员工作规范、受援人的权利义务、终止法律援助、救济程序等也作出相应规定。考虑到法律援助工作程序的具体时限属于操作层面的问题，现行法律法规、司法解释等已有明确规定，并且法律援助事项难易程度不同、情况复杂，草案对此仅作原则性规定。

☞ **相关法条**

《关于刑事诉讼法律援助工作的规定》第 5 条、第 24 条

《关于依法保障律师执业权利的规定》第 5 条

★ **第三十六条　【刑事案件法律援助的指派要求】** 人民法院、人民检察院、公安机关办理刑事案件，发现有本法第二十五条第一款、第二十八条规定情形的，应当在三日内通知法律援助机构指派律师。法律援助机构收到通知后，应当在三日内指派律师并通知人民法院、人民检察院、公安机关。

☞ **相关法条**

《刑事诉讼法》第 35 条

《最高人民法院关于适用〈中华人民共和国刑事诉讼法〉的解释》第 601 条

《关于刑事诉讼法律援助工作的规定》第 5 条

★ **第三十七条　【值班律师权利保障】** 人民法院、人民检察院、公安机关应当保障值班律师依法提供法律帮助，告知没有辩护人的犯罪嫌疑人、被告人有权约见值班律师，并依法为值班律师了解案件有关情况、阅卷、会见等提供便利。

注 释

《刑事诉讼法》第 36 条规定，人民法院、人民检察院、看守所具有告知犯罪嫌疑人、被告人有权约见值班律师，并为犯罪嫌疑人、被告人约见值班律师提供便利的责任。《法律援助值班律师工作办法》第 12 条规定，公安机关、人民检察院、人民法院应当在侦查、审查起诉和审判各阶段分别告知没有辩护人的犯罪嫌疑人、被告人有权约见值班律师获得法律帮助，并为其约见值班律师提供便利。《法律援助值班律师工作办法》第1条的规定是对《刑事诉讼法》第36条和本条规定的补充。

☞ **相关法条**

《刑事诉讼法》第36条

《人民检察院刑事诉讼规则》第267条

《公安机关办理刑事案件程序规定》第49条

★ **第三十八条　【法律援助管辖】** 对诉讼事项的法律援助，由申请人向办案机关所在地的法律援助机构提出申请；对非诉讼事项的法律援助，由申请人向争议处理机关所在地或者事由发生地的法律援助机构提出申请。

注释

诉讼事项，是指需要通过法院的诉讼程序解决纠纷的案件，包括指定（通知）刑事辩护案件、非指定刑事辩护案件以及民事、行政诉讼案件。非诉讼事项，是指除诉讼和仲裁案件以外的法律援助事项，包括争议调解、协商、和解等非诉讼纠纷解决方式。

诉讼案件的一般地域管辖应依据其他法律的规定，确定办案机关所在地并向其同级法律援助机构申请法律援助。刑事诉讼应当依据《刑事诉讼法》第19条、第25条等规定确定。民事诉讼的法律援助申请人应当依据《民事诉讼法》第21条、第22条关于地域管辖的规定，向受案法院同级的法律援助机构提出申请。行政诉讼的法律援助申请人应当依据《行政诉讼法》第18条关于地域管辖的规定，向受案法院同级的法律援助机构提出申请。

诉讼事项的法律援助，申请人应当向办理案件机关同级的司法行政部门管辖的法律援助机构提出申请。

☞ **相关法条**

《法律援助条例》第14条、第16条

《办理法律援助案件程序规定》第8条、第34条

★ **第三十九条　【法律援助申请转交】** 被羁押的犯罪嫌疑人、被告人、服刑人员，以及强制隔离戒毒人员等提出法律援助申请的，办案机关、监管场所应当在二十四小时内将申请转交法律援助机构。

犯罪嫌疑人、被告人通过值班律师提出代理、刑事辩护等法律援助申请的，值班律师应当在二十四小时内将申请转交法律援助机构。

注释

申请转交法律援助申请的主体包括本条规定的被羁押的犯罪嫌疑人、被告人、服刑人员，以及强制隔离戒毒人员。此外，还应当包括行政拘留、司法拘留等被限制人身自由的人员。被羁押的犯罪嫌疑人申请法律援助的程序不适用申请刑事诉讼法律援助的一般规定。

本条第 1 款规定的转交主体为办案机关和监管机关，具体应包括人民法院、人民检察院、公安机关、监狱机关、看守所、强制隔离戒毒所。以上主体具有将法律援助申请转交法律援助机构的义务。第 2 款规定的转交主体为派驻或安排在看守所、人民检察院、人民法院等场所的值班律师。

转交主体转交刑事法律援助申请的时间要求是在 24 小时之内。为了保证被限制人身自由的申请人能够及时得到法律援助机构的帮助，其合法权益能够得到及时的保障，本条规定转交主体应当在 24 小时内将申请人的申请转交给同级法律援助机构。

☞ 相关法条

《禁毒法》第 38 条

《公安机关办理刑事案件程序规定》第 47 条、第 49 条

《办理法律援助案件程序规定》第 11 条

★ **第四十条　【代为提出法律援助申请】** 无民事行为能力人或者限制民事行为能力人需要法律援助的，可以由其法定代理人代为提出申请。法定代理人侵犯无民事行为能力人、限制民事行为能力人合法权益的，其他法定代理人或者近亲属可以代为提出法律援助申请。

被羁押的犯罪嫌疑人、被告人、服刑人员，以及强制隔离戒毒人员，可以由其法定代理人或者近亲属代为提出法律援助申请。

注释

关于无民事行为能力人和限制民事行为能力人，具体参见下列《民法典》的规定：

《民法典》第19条规定，8周岁以上的未成年人为限制民事行为能力人，实施民事法律行为由其法定代理人代理或者经其法定代理人同意、追认；但是，可以独立实施纯获利益的民事法律行为或者与其年龄、智力相适应的民事法律行为。

《民法典》第20条规定，不满8周岁的未成年人为无民事行为能力人，由其法定代理人代理实施民事法律行为。

《民法典》第21条规定，不能辨认自己行为的成年人为无民事行为能力人，由其法定代理人代理实施民事法律行为。8周岁以上的未成年人不能辨认自己行为的，适用前款规定。

《民法典》第22条规定，不能完全辨认自己行为的成年人为限制民事行为能力人，实施民事法律行为由其法定代理人代理或者经其法定代理人同意、追认；但是，可以独立实施纯获利益的民事法律行为或者与其智力、精神健康状况相适应的民事法律行为。

《民法典》第23条规定，无民事行为能力人、限制民事行为能力人的监护人是其法定代理人。

《民法典》第24条规定，不能辨认或者不能完全辨认自己行为的成年人，其利害关系人或者有关组织，可以向人民法院申请认定该成年人为无民事行为能力人或者限制民事行为能力人。被人民法院认定为无民事行为能力人或者限制民事行为能力人的，经本人、利害关系人或者有关组织申请，人民法院可以根据其智力、精神健康恢复的状况，认定该成年人恢复为限制民事行为能力人或者完全民事行为能力人。本条规定的有关组织包括：居民委员会、村民委员会、学校、医疗机构、妇女联合会、残疾人联合会、依法设立的老年人组织、民政部门等。

典型案例

浙江省衢州市开化县法律援助中心对未成年人汪某抚养费纠纷提供法律援助案①

未成年人汪某是汪某东与李某的婚生子女。2014年，汪某东与李某协议离婚，约定汪某跟随汪某东生活，李某每月承担汪某的生活费1000元，学费、医药费由汪某东和李某平摊。2017年10月1日，汪某东因涉嫌犯罪被刑事拘留，后被判处死刑，缓期二年执行。汪某东在监狱服刑期间，汪某跟随其祖父母生活。2020年2月10日，汪某的祖父去世，其跟随祖母生活。2020年5月，汪某的祖母携汪某来到浙江省衢州市开化县法律援助中心寻求帮助，称其年迈体弱，又是低保家庭，无力承担汪某的抚养费用，可汪某的生母李某与汪某东离婚后，仅支付了三个月的抚养费。

开化县法律援助中心认为汪某的情况符合法律援助条件，受理了其法律援助申请，指派法律援助律师承办此案。法律援助承办律师及时向汪某及其祖母了解情况，前

① 参见《司法部发布12起法援惠民生典型案例（二）》，载司法部网站，http：//www.moj.gov.cn/pub/sfbgw/jgsz/jgszjgtj/ggflfwglj/ggflfwgljtjxw/202103/t20210304_349655.html，最后访问时间：2021年11月22日。

往监狱会见了汪某东，并致电李某。因李某不愿意直接抚养汪某，汪某东及汪某本人也不愿意变更抚养关系，因此承办律师帮助汪某向法院提起抚养费纠纷诉讼，向李某主张抚养费，并申请了先予执行申请书。

法院支持了汪某的先予执行申请和诉请。判决生效后，汪某拿到了李某拖欠 8 年未支付的抚养费 5.67 万元，并约定此后李某向汪某每月按时支付抚养费 1000 元。拿到这笔钱后，汪某重燃起对未来生活的希望。

本案中，法律援助承办律师从未成年人利益最大化的原则出发，充分尊重未成年人及其双方监护人的意见，通过及时、高效的诉讼，有效维护了受援人的合法权益，充分体现了法律援助的价值作用。

☞ 相关法条

《法律援助条例》第 16 条

《人民检察院办理未成年人刑事案件的规定》第 22 条

《关于刑事诉讼法律援助工作的规定》第 7 条

第四十一条　【经济困难状况如实说明及核查】 因经济困难申请法律援助的，申请人应当如实说明经济困难状况。

法律援助机构核查申请人的经济困难状况，可以通过信息共享查询，或者由申请人进行个人诚信承诺。

法律援助机构开展核查工作，有关部门、单位、村民委员会、居民委员会和个人应当予以配合。

注释

本条第1款是对经济困难的申请人“如实说明经济困难状况”义务的规定。需要注意的是，经济困难申请人对经济困难的证明只需要“如实说明”即可，未对“如实说明”形式作具体规定，这在一定程度上有利于申请人获得法律援助，切实体现法律援助工作作为一项重要民生工程的理念。在实践中，“如实说明”有提交证明材料和告知承诺等形式。申请人可自主选择是否采用告知承诺替代证明材料，申请人不愿承诺或无法承诺的应当提交规定的证明材料。

典型案例一

陕西省西安市蓝田县法律援助中心

对贫困户罗某某追讨购砖款提供法律援助案①

61岁的罗某某是陕西省西安市马王村村民，长期患有慢阻肺，妻子身体也不好，属于该村建档立卡贫困户。2016

① 参见《司法部发布12起法援惠民生典型案例（三）》，载司法部网站，https：//www.moj.gov.cn/pub/sfbgw/jgsz/jgszjgtj/ggflfwglj/ggflfwgljtjxw/202103/t20210331_349656.html，最后访问时间：2021年11月22日。

年1月5日，罗某某向张某某预订5万块机砖，准备翻新旧房，并向张某某支付了货款1.1万元。2016年7月，张某某开办的砖厂被政府关闭，不再生产机砖。得知此事后，罗某某多次找张某某要求退还购砖款，但张某某总以各种理由予以拒绝。无奈之下，罗某某要求从张某某停办的砖厂中拉走8000块废品砖，张某某同意，但剩下的砖款张某某仍然没有退还。

2020年5月，西安市法律援助中心派往马王村扶贫的律师得知此事后，及时向法律援助中心反映了情况。西安市法律援助中心认为罗某某的情况符合法律援助条件，由扶贫律师和蓝田县法律援助中心进行联系，帮助罗某某申请法律援助。

2020年7月13日，罗某某来到蓝田县法律援助中心。蓝田县法律援助中心开启“绿色通道”，当即受理了罗某某的法律援助申请，并指派法律援助律师承办此案。承办律师接受指派后，马上书写起诉状，带领罗某某到法院立案，当天办完了所有诉讼手续。

法院立案后，法律援助承办律师开始庭审准备工作。由于罗某某支付购砖款已经过去四年多时间，且张某某的机砖厂没有任何手续，如果证据准备不够充分，罗某某极有可能败诉。承办律师走访了曾经在机砖厂购买过机砖的50余户人家，还上门拜访了曾经和罗某某一起去张某某家协商此事的帮扶干部。在承办律师和扶贫干部的辛勤努力下，终于取得了支持该案胜诉的全部证据。

2020年8月13日，蓝田县人民法院适用简易程序审理此案，法庭当庭认定了法援律师提供的全部证据。8月21日，法院作出一审判决，判令被告张某某在判决书生效后10日内返还原告罗某某砖款9240元。

本案是一起法律援助助力脱贫攻坚的典型案例。驻村扶贫的律师发现案情后，主动将情况反映给法律援助中心，法律援助中心及时伸出援手，指派律师帮助受援人讨回了购砖款。此举不仅有力地维护了农村贫困户的合法权益，同时也向困难群众宣传了法律援助知识，提高了农村群众依法维权的法治意识。

典型案例二

安徽省安庆市宜秀区法律援助中心对胡某某机动车交通事故纠纷提供法律援助案①

胡某某系安徽省安庆市宜秀区农民工，以为他人装货

① 参见《司法部发布12起法援惠民生典型案例（二）》，载司法部网站，http：//www. moj. gov. cn/pub/sfbgw/jgsz/jgszjgtj/ggflfwglj/ggflfwgljtjxw/202103/t20210304_ 349655. html 最后访问时间：2021年11月22日。

下货维持生计，妻子与唯一的女儿均是二级精神残疾人，系该村重点扶贫对象。2020 年 6 月的一天，胡某某骑摩托车上工途中与一辆小型客车碰撞受伤，经医生诊断为左踝骨折。因家境困难，胡某某坚持门诊治疗，前后花费了医药费 5400 元，肇事者却拒绝赔偿。

9 月 18 日，宜秀区大桥街道某村帮扶责任人到贫困户家中进行入户走访，当走访到胡某某家中，发放法律援助便民联系卡、宣传法律援助相关政策时，胡某某向帮扶责任人介绍了自身情况。该责任人当即建议胡某某到宜秀区法律援助中心申请法律援助，通过法律途径维护自身合法权益。

9 月 21 日，宜秀区法律援助中心接到胡某某申请后，立即为其开通“绿色通道”，并指派法律援助律师承办该案。承办律师接到指派后，考虑到胡某某走动不方便，便赶到法援中心与胡某某见面，了解案件相关情况。随后，律师为胡某某准备好相关证据材料、列出具体的民事赔偿项目清单，并起草了相关诉讼法律文书。

立案时，承办律师考虑到胡某某家境困难，为了尽快解决该起交通事故纠纷，让胡某某早日拿到赔偿款，经与胡某某沟通决定选择诉前调解程序，并将案件起诉材料交到法院。

立案后，在法官主持下，承办律师与肇事车辆所在的保险公司联系，就胡某某赔付问题进行多次协商。最终，在法院法官和承办律师的共同努力下，肇事车辆所在的保险公司同意调解，并给出了公平合理的赔偿方案，即赔付胡某某因交通事故造成的损失共计 28208 元。2020 年 10 月 22 日，双方在法院签订了调解协议。10 月 27 日，胡某某收到了保险公司转账的赔偿款，案件圆满结案。

☞ **相关法条**

《法律援助条例》第 18 条

《办理法律援助案件程序规定》第 9 条、第 10 条、第 15 条

★ **第四十二条　【免予核查经济困难状况情形】** 法律援助申请人有材料证明属于下列人员之一的，免予核查经济困难状况：

（一）无固定生活来源的未成年人、老年人、残疾人等特定群体；

（二）社会救助、司法救助或者优抚对象；

（三）申请支付劳动报酬或者请求工伤事故人身损害赔偿的进城务工人员；

（四）法律、法规、规章规定的其他人员。

注 释

本条规定了免予核查经济困难状况的人员的范围。需要注意，对于符合免予核查经济困难状况的人员，只需要提供证明材料证明自己的特殊身份即可，不需要再提供其他证明材料对经济困难状况进行证明，但是提供的证明材料必须真实可靠。如果提交的是虚假证明材料，法律援助机构有权终止提供法律援助服务。

《办理法律援助案件程序规定》第 10 条规定："申请人持有下列证件、证明材料的，无需提交法律援助申请人经济状况证明表：（一）城市居民最低生活保障证或者农村居民最低生活保障证；（二）农村特困户救助证；（三）农村'五保'供养证；（四）人民法院给予申请人司法救助的决定；（五）在社会福利机构中由政府出资供养或者由慈善机构出资供养的证明材料；（六）残疾证及申请人住所地或者经常居住地的村民委员会、居民委员会出具的无固定生活来源的证明材料；（七）依靠政府或者单位给付抚恤金生活的证明材料；（八）因自然灾害等原因导致生活出现暂时困难，正在接受政府临时救济的证明材料；（九）法律、法规及省、自治区、直辖市人民政府规定的能够证明法律援助申请人经济困难的其他证件、证明材料。"

典型案例

福建省厦门市翔安区法律援助中心对强某劳动合同纠纷提供法律援助案①

24岁的强某初中毕业后一直在山西省打工，一次偶然机会看到山西省某劳务派遣公司高薪招聘，承诺外派到福建省厦门市某电子公司工作，时薪20元且包吃包住。强某认为待遇不错，于2020年4月4日由派遣公司外派至电子公司工作。同年6月2日，强某因开空调问题与同宿舍的王某发生争执，王某辱骂强某，强某用手拉扯王某衣领，后王某报警并前往医院诊疗，经诊断为右肩部挫伤。基于此，电子公司以强某打架斗殴为由将其退回派遣公司，派遣公司解除了与强某的劳动合同。强某感到委屈，自己被开除还被拖欠6000元工资，没有任何经济来源的他生活陷入窘迫，于是他来到厦门市翔安区法律援助中心申请法律援助。

翔安区法律援助中心认为强某的情况符合法律援助条件，受理了其法律援助申请，指派律师承办此案。承办律

① 参见《司法部发布12起法援惠民生典型案例（二）》，载司法部网站，http://www.moj.gov.cn/pub/sfbgw/jgsz/jgszjgtj/ggflfwglj/ggflfwgljtjxw/202103/t20210304_349655.html，最后访问时间：2021年11月22日。

师介入后发现，电子公司仅是用工单位，而派遣公司是用人单位，应作为赔偿主体，便把派遣公司和电子公司一并作为被申请人提起劳动仲裁。

一个月后，本案如期开庭。派遣公司在仲裁庭上矢口否认未足额发放工资的事实，强调强某打架斗殴被解除劳动合同属于合法，并提供王某就医证明，证明右肩部受伤是强某所致。承办律师辩解称无论强某是否存在打架斗殴，工资是每位农民工最基本的生活保障，应如期如数发放。同时，门诊病历载明王某是右肩部挫伤，而电子公司提供的证据描述为强某抓住王某的衣领致其脖子挫伤，描述挫伤部位与王某就医确诊部位不同，且王某在就医当天就回公司上了班。根据证据及事实逻辑分析，承办律师提出王某诈伤且派遣公司解除劳动合同行为违法。

最终，派遣公司认识到自身错误，与强某达成调解协议，派遣公司不仅支付拖欠强某的工资 6000 元，还额外支付赔偿金 2000 元。

本案中，强某作为外来农民工，身在他乡无亲无故，法律援助中心快速受理并指派律师介入，劝说强某以调解方式解决问题，保障了强某的合法权益，体现了法律援助关爱农民工、为民办实事的宗旨。

☞ **相关法条**

《未成年人保护法》第 2 条、第 104 条

《老年人权益保障法》第 2 条、第 3 条、第 56 条

《残疾人保障法》第 2 条、第 48 条、第 60 条

《妇女权益保障法》第 52 条

《军人地位和权益保障法》第 61 条

《英雄烈士保护法》第 25 条

《退役军人保障法》第 70 条

《保障农民工工资支付条例》第 45 条

《办理法律援助案件程序规定》第 10 条

★ **第四十三条　【法律援助申请处理】** 法律援助机构应当自收到法律援助申请之日起七日内进行审查，作出是否给予法律援助的决定。决定给予法律援助的，应当自作出决定之日起三日内指派法律援助人员为受援人提供法律援助；决定不给予法律援助的，应当书面告知申请人，并说明理由。

申请人提交的申请材料不齐全的，法律援助机构应当一次性告知申请人需要补充的材料或者要求申请人作出说明。申请人未按要求补充材料或者作出说明的，视为撤回申请。

注释

第一，本条较《法律援助条例》规定而言，对决定提供法律援助情形的期限作了规定。既有利于确保受援人及时获得法律援助服务，也能督促法律援助机构履行义务。

第二，决定不给予法律援助的，应当书面告知申请人，并说明理由。根据实践经验，申请人与申请事项之间没有直接利害关系、所申请事项不属于法定的法律援助事项范围、申请人不符合经济困难标准、所提交的申请不属于本法律援助机构受理等情形的，通常视为不符合法律援助条件。法律援助机构提供法律援助服务是一种行政给付行为，决定不给予法律援助时，应当书面告知并说明理由的规定。申请人对书面决定不服，可以通过申请复查、申请行政复议或者提起行政诉讼等方式进行救济。

第三，针对申请人提交材料不齐全的情况，本条对《法律援助条例》的规定作了调整，明确法律援助机构的告知义务，而且是一次性告知所需补充材料，或者申请人也可以对申请材料不齐全作出说明。这些规定体现出便利申请人的立法目的，减轻申请人的负担。

☞ 相关法条

《法律援助条例》第 18 条

《办理法律援助案件程序规定》第 13 条

★ **第四十四条　【先行提供法律援助】** 法律援助机构收到法律援助申请后，发现有下列情形之一的，可以决定先行提供法律援助：

（一）距法定时效或者期限届满不足七日，需要及时提起诉讼或者申请仲裁、行政复议；

（二）需要立即申请财产保全、证据保全或者先予执行；

（三）法律、法规、规章规定的其他情形。

法律援助机构先行提供法律援助的，受援人应当及时补办有关手续，补充有关材料。

注释

与《法律援助条例》相比，本条对先行提供法律援助服务的情形作了明确规定，这是法律援助服务方式创新的重要法律依据，也是对实践经验积累的肯定。法律援助机构先行提供法律援助服务的目的是确保特定情况下确有需要法律援助服务的申请人能够及时获得法律援助，保障自身的合法权益。

随着经济社会生活的不断发展，法律援助制度体系不断健全完善，法律援助门槛不断降低，法律援助覆盖面不断扩大，可以先行提供法律援助服务的情形会越来越多。除本法明确列举的几种可以先行提供法律援助的情形之外，符合其他法律、法规、规章规定的情形也可以先行提供法律援助。

☞ **相关法条**

《民法典》第 188 条

《刑法》第 87 条

《仲裁法》第 28 条、第 46 条

《劳动争议调解仲裁法》第 27 条

《办理法律援助案件程序规定》第 18 条

★ **第四十五条　【无障碍设施设备和服务提供】** 法律援助机构为老年人、残疾人提供法律援助服务的，应当根据实际情况提供无障碍设施设备和服务。

法律法规对向特定群体提供法律援助有其他特别规定的，依照其规定。

注释

本条是关于为老年人残疾人提供便捷化法律援助服务的规定。老年人、残疾人由于身体、心智等原因，更容易受到不法行为的侵害，加之自身法制观念薄弱，不知如何向社会求助。基于身体的特殊性，老年人、残疾人在接受法律援助时面临着常人难以想象的困难，包括经济条件障碍、物质实施障碍、信息障碍等。对于这一类人群，应当有针对性地提供无障碍设施设备和服务。

《老年人权益保障法》第56条规定，老年人因其合法权益受侵害提起诉讼交纳诉讼费确有困难的，可以缓交、减交或者免交；需要获得律师帮助，但无力支付律师费用的，可以获得法律援助。鼓励律师事务所、公证处、基层法律服务所和其他法律服务机构为经济困难的老年人提供免费或者优惠服务。《残疾人保障法》第60条规定，残疾人的合法权益受到侵害的，有权要求有关部门依法处理，或者依法向仲裁机构申请仲裁，或者依法向人民法院提起诉讼。对有经济困难或者其他原因确需法律援助或者司法救助的残疾人，当地法律援助机构或者人民法院应当给予帮助，依法为其提供法律援助或者司法救助。

典型案例

重庆市酉阳县法律援助中心对陈某赡养纠纷提供法律援助案①

陈某是重庆市酉阳土家族苗族自治县某村的建档立卡

① 参见《司法部发布12起法援惠民生典型案例（二）》，载司法部网站，http：//www.moj.gov.cn/pub/sfbgw/jgsz/jgszjgtj/ggflfwglj/ggflfwgljtjxw/202103/t20210304_349655.html，最后访问时间：2021年11月22日。

贫困户，其含辛茹苦将8个儿女抚育成人。老伴儿去世后，陈某先是与大儿子生活了一段时间，后又搬到长期外出务工的小儿子家中居住。随着年纪越来越大，陈某生活无法自理，几个子女既不愿照料老人的生活起居，也不愿承担赡养老人的责任。

2020年4月14日，陈某委托亲属向酉阳县法律援助中心递交了法律援助申请。酉阳县法律援助中心认为陈某的情况符合法律援助条件，立即启动“绿色通道”，优先受理、优先审批，迅速指派法律援助律师承办此案。承办律师接受指派后，前往陈某家中了解案件详细情况，按照老人的诉求向酉阳县人民法院提起诉讼，要求8个子女履行赡养义务。

2020年5月8日上午，此案开庭审理。庭审中，承办律师用“法理情”相结合发表代理意见：本案中，陈某辛苦养大8个子女，晚年生活贫困且体弱多病，却因种种原因无人照顾。孝敬、赡养父母是子女应尽的法定义务，根据相关法律规定，子女应承担照顾老人的责任。听了律师入情入理的陈述，陈某的4个女儿意识到自己的错误，当庭表示愿意共同承担照顾母亲的责任。

庭审结束后，酉阳县人民法院依法作出判决：由老人的8个子女每人每月分别支付赡养费100元、护理费400元，并负责照顾老人的生活起居。

本案中，受援人陈某已年过九旬且家境贫困，基本丧失了生活自理能力，是法律援助服务的重点对象。法律援助承办律师立足于案件事实，厘清法律关系，明确法律责任主体，掌握办案关键点，活用诉讼技巧，有效维护了受援老人的合法权益，彰显了法治的温暖。

☞ **相关法条**

《残疾人保障法》第 53 条、第 60 条

《老年人权益保障法》第 56 条、第 64 条

《无障碍环境建设条例》第 24 条

第四十六条　【法律援助人员义务】法律援助人员接受指派后，无正当理由不得拒绝、拖延或者终止提供法律援助服务。

法律援助人员应当按照规定向受援人通报法律援助事项办理情况，不得损害受援人合法权益。

注释

法律援助人员拒绝、拖延或终止提供法律援助服务，一定要基于法定的正当理由。还需要同时具备以下条件：第一，出现了法律法规规定的可以拒绝、拖延、终止提供法律援助服务的法定事由；第二，法律援助人员拒绝、拖

延或者终止提供法律援助服务，需要法律援助机构作出书面决定。书面决定不仅是法律援助人员终止提供法律援助服务等行为的依据，也是受援人不服决定时的重要救济凭证。

通报援助事项进展情况，维护受援人的合法权益是法律援助人员的法定义务。法律援助人员在提供法律援助服务过程中，要受到监督、管理，督促法律人员依法提供法律援助服务。法律援助人员不依法履行义务，损害受援人合法权益的，应当依法承担法律责任。

《律师执业管理办法》第45条规定，律师应当按照国家规定履行法律援助义务，为受援人提供符合标准的法律服务，维护受援人的合法权益，不得拖延、懈怠履行或者擅自停止履行法律援助职责，或者未经律师事务所、法律援助机构同意，擅自将法律援助案件转交其他人员办理。

☞ 相关法条

《律师执业管理办法》第45条

《律师事务所管理办法》第48条

《律师和律师事务所违法行为处罚办法》第9条、第28条

《办理法律援助案件程序规定》第32条

★★ **第四十七条 【受援人的如实陈述及其配合义务】** 受援人应当向法律援助人员如实陈述与法律援助事项有关的情况，及时提供证据材料，协助、配合办理法律援助事项。

注释

法律援助制度是一项向弱者提供无偿法律服务的重要民生工程。公民在依法享有受法律援助权利的同时，也要积极履行义务。根据本条规定，受援人要积极协助、配合法律援助人员了解案件真实情况，调取证据材料，不得隐瞒案件真实情况，提供虚假材料。受援人如果不积极履行义务，就要承担不利的法律后果，结合本法第 48 条，主要包括承担败诉的风险或者法律援助人员依法拒绝、拖延甚至终止提供法律援助服务。实践中，受援人基于各种因素考量，存在提供虚假证据材料或者隐瞒案件真相，进而获得法律援助的情形。这种行为不符合法律规定，增加了法律援助机构的负担和成本。我国国情复杂，幅员辽阔，人口众多，在法律援助专业人员和经费保障等方面还存在不足的现实情况下，受援人积极履行法定义务，不仅能够助力维护自身合法权益，同时也有助于减缓法律援助工作负担。

☞ **相关法条**

《办理法律援助案件程序规定》第 33 条

★ **第四十八条 【法律援助终止情形】**有下列情形之一的，法律援助机构应当作出终止法律援助的决定：

（一）受援人以欺骗或者其他不正当手段获得法律援助；

（二）受援人故意隐瞒与案件有关的重要事实或者提供虚假证据；

（三）受援人利用法律援助从事违法活动；

（四）受援人的经济状况发生变化，不再符合法律援助条件；

（五）案件终止审理或者已经被撤销；

（六）受援人自行委托律师或者其他代理人；

（七）受援人有正当理由要求终止法律援助；

（八）法律法规规定的其他情形。

法律援助人员发现有前款规定情形的，应当及时向法律援助机构报告。

注释

法律援助工作承担着维护社会公平正义、保护司法权威和司法公信力等重要职能。法律援助制度旨在更好地保障民生，保护经济困难群众和特殊群体的合法权益。因此在法律援助的过程中，一旦遇到骗取法律援助、以不正当目的获得法律援助等情形，或者存在借法律援助从事非法活动等与法律援助制度初衷相冲突的行为，法律援助应当及时终止。同样，一旦受援人经济状况改善，自行委托律师或其他代理人的，法律援助应当终止。

☞ **相关法条**

《法律援助条例》第23条

《办理法律援助案件程序规定》第33条

第四十九条　【对不予法律援助、终止法律援助决定异议的提出】 申请人、受援人对法律援助机构不予法律援助、终止法律援助的决定有异议的，可以向设立该法律援助机构的司法行政部门提出。

司法行政部门应当自收到异议之日起五日内进行审查，作出维持法律援助机构决定或者责令法律援助机构改正的决定。

申请人、受援人对司法行政部门维持法律援助机构决定不服的，可以依法申请行政复议或者提起行政诉讼。

注释

司法行政部门对法律援助机构有指导、管理、监督的职能，法律援助机构负责法律援助事项的具体执行。一旦申请人、受援人对不予法律援助、终止法律援助的决定有异议的，应向设立法律援助机构的司法行政部门提出。在实践中，需要注意的有以下内容：第一，提出异议的应该是申请人、受援人，而不是和申请人、受援人有其他关联的亲属；第二，受理异议的机关是直接设立法律援助机构的司法行政部门，而不是其他地区的司法行政部门；第三，提出异议针对的是“不予法律援助”“终止法律援助”；第四，司法行政部门需要把握好审查的时间，对申请人、受援人的异议需要及时处理。

☞ 相关法条

《行政复议法》第 6 条

《行政诉讼法》第 12 条

《法律援助条例》第 19 条

《关于刑事诉讼法律援助工作的规定》第 23 条

《关于民事诉讼法律援助工作的规定》第 5 条

《办理法律援助案件程序规定》第 19 条

第五十条　【法律援助事项报告及材料提交】法律援助事项办理结束后，法律援助人员应当及时向法律援助机构报告，提交有关法律文书的副本或者复印件、办理情况报告等材料。

注释

结合近年来我国法律援助人员在办理法律援助案件中的实践，本条对《法律援助条例》关于法律援助人员报告与提交材料的规定作了部分调整：一是将“受指派办理法律援助案件的律师或者接受安排办理法律援助案件的社会组织人员”改为了“法律援助人员”；二是增加了及时报告的规定；三是将法律援助人员报告并提交材料的规定与法律援助人员接受补贴的规定作为不同的法律条文分别规定。

☞ 相关法条

《法律援助条例》第 24 条第 1、2 款

小测试①

1. 人民法院、人民检察院、公安机关和有关部门在办理案件或者相关事务中，应当及时告知有关当事人有权依法申请法律援助。(　　)

2. 被羁押的犯罪嫌疑人、被告人、服刑人员，以及强制隔离戒毒人员等提出法律援助申请的，办案机关、监管场所

① 【答案】1. √。2. B。3. C。4. D。5. 人民检察院；阅卷。6. 司法行政部门。

应当在（　　）内将申请转交法律援助机构。

A. 12 小时　　B. 24 小时

C. 48 小时　　D. 60 小时

3. 申请人为无民事行为能力人或者限制民事行为能力人的，由其（　　）代为提出申请。

A. 父母　　B. 律师

C. 法定代理人　　D. 监护人

4. 法律援助机构为老年人、（　　）提供法律援助服务的，应当根据实际情况提供无障碍设施设备和服务。

A. 儿童　　B. 妇女

C. 军人军属　　D. 残疾人

5. 人民法院、____、公安机关应当保障值班律师依法提供法律帮助，告知没有辩护人的犯罪嫌疑人、被告人有权约见值班律师，并依法为值班律师了解案件有关情况、____、会见等提供便利。

6. 申请人、受援人对法律援助机构不予法律援助、终止法律援助的决定有异议的，可以向设立该法律援助机构的____提出。

第五章 保障和监督

第五十一条 【法律援助信息共享和工作协同】 国家加强法律援助信息化建设，促进司法行政部门与司法机关及其他有关部门实现信息共享和工作协同。

注释

本章对总体发展要求、经费保障、培训、监督管理和质量考核、信息化建设、宣传教育等作出规定。

★ **第五十二条 【法律援助补贴】** 法律援助机构应当依照有关规定及时向法律援助人员支付法律援助补贴。

法律援助补贴的标准，由省、自治区、直辖市人民政府司法行政部门会同同级财政部门，根据当地经济发展水平和法律援助的服务类型、承办成本、基本劳务费用等确定，并实行动态调整。

法律援助补贴免征增值税和个人所得税。

注释

法律援助经费少、补贴标准低、社会支持力度不足等，都是影响法律援助机构、法律援助人员以及社会各方面开展法律援助积极性的痛点、难点问题。《法律援助法》对此作了三方面规定：第一，明确政府财政保障。第二，采取鼓励措施。第三，明确补贴标准。具体而言，本条对法律援助补贴进行了规定，对法律援助机构发放补贴的及时性提供了要求，也提出了建立法律援助补贴的区域化、差别化、动态化调整机制，同时明确了法律援助补贴的税收优惠。

需要注意的是，要合理安排资金，专款专用，《司法部关于进一步加强法律援助经费使用管理监督工作的通知》指出，要“将有限的资金管好用好，努力发挥经费使用的最大效益，为更多困难群众提供优质高效的法律援助服务”。

☞ **相关法条**

《法律援助条例》第24条第3款

★ **第五十三条 【对受援人和法律援助人员费用减免】** 人民法院应当根据情况对受援人缓收、减收或者免收诉讼费用；对法律援助人员复制相关材料等费用予以免收或者减收。

公证机构、司法鉴定机构应当对受援人减收或者免收公证费、鉴定费。

注释

本条是关于对受援人和法律援助人员减免费用的规定。与《法律援助条例》相比，本条为新增规定。本条规定体现出法律援助工作是国家建立的保障经济困难公民和特殊案件当事人辩护权的无偿法律服务，具有保障民生的重要职能的特征。

相关法条

《关于依法保障律师执业权利的规定》第 14 条

《关于民事诉讼法律援助工作的规定》第 10 条

《关于刑事诉讼法律援助工作的规定》第 20 条

第五十四条　【法律援助人员培训制度】县级以上人民政府司法行政部门应当有计划地对法律援助人员进行培训，提高法律援助人员的专业素质和服务能力。

注释

本条是关于法律援助人员培训制度的规定。与《法律援助条例》相比，本条为新增规定。《法律援助法》增加该项规定，凸显出培训体系对法律援助人员队伍建设的关键作用。

☞ **相关法条**

《法律援助条例》第5条

第五十五条　【受援人知情权、投诉权及请求变更权】受援人有权向法律援助机构、法律援助人员了解法律援助事项办理情况；法律援助机构、法律援助人员未依法履行职责的，受援人可以向司法行政部门投诉，并可以请求法律援助机构更换法律援助人员。

注释

第一，本条规定了受援人的知情权，也明确了法律援助人员的告知义务。对于援助事项的处理情况，法律援助机构和法律援助人员应当以"书面告知为主、口头告知为辅"的方式告知受援人，及时解答受援人疑问，并制作告知情况记录附卷。

第二，本条规定了受援人的投诉权。《法律援助法》第19条、第20条、第21条明确了法律援助人员履行职责时应当遵循的标准，法律援助人员违反相应规定的，受援人可以依法行使投诉权。

第三，本条规定了受援人的请求变更权。《办理法律援助案件程序规定》第32条规定，受援人有证据证明法律援助人员不依法履行义务的，可以请求法律援助机构更换法律援助人员。法律援助机构应当自受援人申请更换之日起5个工作日内决定是否更换。决定更换的，应当另行指派或者安排人员承办。对犯罪嫌疑人、被告人具有应当指定辩护的情形，人民法院、人民检察院、公安机关决定为其另行指定辩护人的，法律援助机构应当另行指派或者安排人员承办。更换法律援助人员的，原法律援助人员所属单位应当与受援人解除或者变更委托代理协议，原法律援助人员应当与更换后的法律援助人员办理案件材料移交手续。

☞ **相关法条**

《法律援助条例》第6条

《办理法律援助案件程序规定》第32条

第五十六条　【法律援助工作投诉查处制度】 司法行政部门应当建立法律援助工作投诉查处制度；接到投诉后，应当依照有关规定受理和调查处理，并及时向投诉人告知处理结果。

注　释

法律援助工作是否办得满意，当事人最有发言权。投诉查处是人民群众对法律援助工作进行监督的重要方式，能够及时纠正法律援助案件中被投诉人的违法违规行为和有效维护投诉人合法权益。《基层法律服务工作者管理办法》

第 50 条规定，司法行政机关应当建立对基层法律服务工作者执业的投诉监督制度，设立投诉电话、投诉信箱，受理当事人和其他公民对基层法律服务工作者违法违纪行为的投诉，将调查处理结果告知投诉人。

☞ 相关法条

《基层法律服务工作者管理办法》第 50 条

第五十七条　【法律援助服务的监督、服务质量标准和质量考核】 司法行政部门应当加强对法律援助服务的监督，制定法律援助服务质量标准，通过第三方评估等方式定期进行质量考核。

注释

法律援助服务质量标准具体参见司法部制定的《全国刑事法律援助服务规范》（SF/T 0032—2019）及《全国民事行政法律援助服务规范》（SF/T 0058—2019）。

《全国刑事法律援助服务规范》（SF/T 0032—2019）从服务原则（公正、依法、统一、效率）、服务类型、法律咨询、值班律师法律帮助、刑事法律援助（刑事法律援助案件办理程序、受理、审批、指派、承办、刑事案件律师辩护全覆盖试点工作要求、结案归档）、服务质量控制（基本原则、监督检查形式、考核评估、投诉处理、服务改进）等方面对刑事法律援助服务予以细化。

《全国民事行政法律援助服务规范》（SF/T 0058—2019）从服务原则（公正、依法、统一、效率）、服务类型、法律咨询、诉讼案件代理、非诉讼案件代理、服务质量控制等方面对民事行政法律援助服务予以细化。

☞ **相关法条**

《法律援助条例》第6条、第26条

第五十八条　【法律援助信息公开制度】 司法行政部门、法律援助机构应当建立法律援助信息公开制度，定期向社会公布法律援助资金使用、案件办理、质量考核结果等情况，接受社会监督。

注释

本条所规定的法律援助信息公开制度需要遵循《政府信息公开条例》所设定的基本原则，并根据法律援助工作的特殊性对《政府信息公开条例》基本原则的内涵予以适当调整。

☞ **相关法条**

《政府信息公开条例》第3~7条

《基层法律服务所管理办法》第24条、第33条

第五十九条　【法律援助服务质量监督】法律援助机构应当综合运用庭审旁听、案卷检查、征询司法机关意见和回访受援人等措施，督促法律援助人员提升服务质量。

注释

本条是对《法律援助法》第57条规定中的法律援助服务质量标准体系中的监督措施予以明确。在适用过程中，本条需要结合《全国刑事法律援助服务规范》（SF/T 0032—2019）和《全国民事行政法律援助服务规范》（SF/T 0058—2019）中的要求建构服务质量监督机制。

☞ **相关法条**

《办理法律援助案件程序规定》第29条、第33条

第六十条　【律师事务所、律师履行法律援助义务年度考核】律师协会应当将律师事务所、律师履行法律援助义务的情况纳入年度考核内容，对拒不履行或者怠于履行法律援助义务的律师事务所、律师，依照有关规定进行惩戒。

注释

法律援助是律师所应承担的法定义务，具有法律层面上的规范约束力。本条是在义务性规定的基础上对法律援

助不作为予以规制。

法律援助不作为分为积极不作为（“拒不履行”）和消极不作为（“怠于履行”），律师协会可以依据《律师协会会员违规行为处分规则（试行）》等有关规定对法律援助不作为进行惩戒。

☞ 相关法条

《律师法》第42条

《法律援助法》第16条

《关于完善法律援助制度的意见》

《司法部关于进一步推进法律援助工作的意见》

《律师协会会员违规行为处分规则（试行）》

《律师事务所年度检查考核办法》第16条

▶▶小测试◀◀①

1. 法律援助补贴免征增值税和个人所得税。（　　）

2. 人民法院应当根据情况对受援人缓收、减收或者免收诉讼费用；对法律援助人员复制相关材料等费用予以免收。（　　）

①【答案】1. √。2. ×，解析：《法律援助法》第53条。3. D。4. 第三方评估。5. 庭审旁听；回访受援人。6. 投诉查处。7. 信息公开；资金使用。

3. 受援人有权向法律援助机构、法律援助人员了解法律援助事项办理情况；法律援助机构、法律援助人员未依法履行职责的，受援人可以向（　　）投诉，并可以请求法律援助机构更换法律援助人员。

A. 人民法院

B. 人民检察院

C. 公安机关

D. 司法行政部门

4. 司法行政部门应当加强对法律援助服务的监督，制定法律援助服务质量标准，通过____等方式定期进行质量考核。

5. 法律援助机构应当综合运用____、案卷检查、征询司法机关意见和____等措施，督促法律援助人员提升服务质量。

6. 司法行政部门应当建立法律援助工作____制度；接到投诉后，应当依照有关规定受理和调查处理，并及时向投诉人告知处理结果。

7. 司法行政部门、法律援助机构应当建立法律援助____制度，定期向社会公布法律援助____、案件办理、质量考核结果等情况，接受社会监督。

第六章 法律责任

★ **第六十一条 【法律援助机构及其工作人员法律责任】** 法律援助机构及其工作人员有下列情形之一的，由设立该法律援助机构的司法行政部门责令限期改正；有违法所得的，责令退还或者没收违法所得；对直接负责的主管人员和其他直接责任人员，依法给予处分：

（一）拒绝为符合法律援助条件的人员提供法律援助，或者故意为不符合法律援助条件的人员提供法律援助；

（二）指派不符合本法规定的人员提供法律援助；

（三）收取受援人财物；

（四）从事有偿法律服务；

（五）侵占、私分、挪用法律援助经费；

（六）泄露法律援助过程中知悉的国家秘密、商业秘密和个人隐私；

（七）法律法规规定的其他情形。

注释

本条是对法律援助机构及其工作人员法律责任的规定。根据本条规定，追究法律责任的主体为设立法律援助机构的司法行政部门。违反本条规定的七种情形应当承担的法律责任分为三个层次：一是责令其限期改正；二是如果有违法所得的（本条第3项、第4项、第5项及其他法律、法规规定的情形），应当退还或没收；三是对直接负责的主管人员和其他直接责任人员，依法给予处分。

☞ 相关法条

《刑法》第382条、第384条、第385条

《最高人民法院关于适用〈中华人民共和国刑事诉讼法〉的解释》第44条

《法律援助条例》第26条、第28条、第29条

第六十二条　【律师事务所、基层法律服务所法律责任】 律师事务所、基层法律服务所有下列情形之一的，由司法行政部门依法给予处罚：

（一）无正当理由拒绝接受法律援助机构指派；

（二）接受指派后，不及时安排本所律师、基层法律服务工作者办理法律援助事项或者拒绝为本所律师、基层法律服务工作者办理法律援助事项提供支持和保障；

（三）纵容或者放任本所律师、基层法律服务工作者怠于履行法律援助义务或者擅自终止提供法律援助；

（四）法律法规规定的其他情形。

注释

与《法律援助条例》第27条规定相比，本条有以下四点变化值得关注：第一，从责任主体上看，新增了基层法律服务所。第二，应予处罚的行为新增了对拒绝为本所律师、基层法律服务工作者办理法律援助事项提供支持和保障、纵容或者放任本所律师、基层法律服务工作者怠于履行法律援助义务或者擅自终止提供法律援助的违法情形以及兜底条款。第三，将应予处罚中的“拒绝”或“不安排”限定为“无正当理由”拒绝；对“不安排”的要求更加严格，不仅“不安排”需要承担责任，“不及时安排”同样需要承担不利后果。第四，对给予何种处罚调整为概括性规定，即“由司法行政部门依法给予处罚”。

☞ 相关法条

《律师法》第28条、第42条、第50条

《律师事务所管理办法》第40条、第42条、第48条

第六十三条　【律师、基层法律服务工作者责任】 律师、基层法律服务工作者有下列情形之一的，由司法行政部门依法给予处罚：

（一）无正当理由拒绝履行法律援助义务或者怠于履行法律援助义务；

（二）擅自终止提供法律援助；

（三）收取受援人财物；

（四）泄露法律援助过程中知悉的国家秘密、商业秘密和个人隐私；

（五）法律法规规定的其他情形。

注 释

受援人以欺骗或者其他不正当手段获得法律援助的，法律援助人员发现后，应当及时向法律援助机构报告。基层法律服务工作者如果明知委托人的要求是非法的、欺诈性的，仍为其提供帮助，也应受到相应的处罚。

《律师和律师事务所违法行为处罚办法》第 9 条规定："有下列情形之一的，属于《律师法》第四十七条第五项规定的律师'拒绝履行法律援助义务的'违法行为：（一）无正当理由拒绝接受律师事务所或者法律援助机构指派的法律援助案件的；（二）接受指派后，懈怠履行或者擅自停止履行法律援助职责的。"

☞ 相关法条

《律师和律师事务所违法行为处罚办法》第 2 条、第 9 条

第六十四条　【受援人法律责任】受援人以欺骗或者其他不正当手段获得法律援助的，由司法行政部门责令其支付已实施法律援助的费用，并处三千元以下罚款。

第六十五条　【冒用法律援助名义提供法律服务并谋利的法律责任】违反本法规定，冒用法律援助名义提供法律服务并谋取利益的，由司法行政部门责令改正，没收违法所得，并处违法所得一倍以上三倍以下罚款。

第六十六条　【国家机关及其工作人员渎职的责任】国家机关及其工作人员在法律援助工作中滥用职权、玩忽职守、徇私舞弊的，对直接负责的主管人员和其他直接责任人员，依法给予处分。

☞ **相关法条**

《法律援助条例》第 30 条

第六十七条　【刑事责任】违反本法规定，构成犯罪的，依法追究刑事责任。

▶▶小测试◀◀①

1. 受援人以欺骗或者其他不正当手段获得法律援助的，由司法行政部门责令其支付已实施法律援助的费用，并处5000元以下罚款。(　　)

2. 国家机关及其工作人员在法律援助工作中滥用职权、玩忽职守、徇私舞弊的，对直接负责的主管人员和其他直接责任人员，依法给予处分。(　　)

3. 法律援助机构及其工作人员有下列情形之一的，由设立该法律援助机构的司法行政部门责令限期改正；有违法所得的，责令退还或者没收违法所得；对直接负责的主管人员和其他直接责任人员，依法给予处分：(　　)

A. 拒绝为符合法律援助条件的人员提供法律援助，或者故意为不符合法律援助条件的人员提供法律援助

B. 无正当理由拒绝接受法律援助机构指派

C. 纵容或者放任本所律师、基层法律服务工作者怠于履行法律援助义务或者擅自终止提供法律援助

D. 侵占、私分、挪用法律援助经费

4. 冒用法律援助名义提供法律服务并谋取利益的，由司法行政部门责令改正，没收违法所得，并处违法所得____倍以上____倍以下罚款。

---

① 【答案】1. ×，解析：《法律援助法》第64条。2. √。3. AD。4. 1；3。

第七章　附　　则

★ **第六十八条　【群团组织开展法律援助的法律适用】** 工会、共产主义青年团、妇女联合会、残疾人联合会等群团组织开展法律援助工作，参照适用本法的相关规定。

注释

本条是关于群团组织开展法律援助的法律适用的规定。群团组织的法律援助活动是政府法律援助活动的有力补充和合理延伸。2015年中央办公厅、国务院办公厅印发的《关于完善法律援助制度的意见》进一步强调，社会力量是法律援助工作的参与者。《法律援助法》第8条也对此作出有关规定："国家鼓励和支持群团组织、事业单位、社会组织在司法行政部门指导下，依法提供法律援助。"

典型案例

吉林省长春市宽城区法律援助中心对赵某某离婚财产纠纷提供法律援助案①

2020年“五一”假期刚过，吉林省长春市宽城区法律援助中心接到赵某某的咨询电话，其称已年过六旬，年轻时跟丈夫一起办企业，因过度操劳落下一身毛病，如今丈夫又有了外遇，欲将她抛弃。赵某某想起诉离婚，请求宽城区法律援助中心帮她主持公道。

宽城区法律援助中心经审核，认为赵某某的情况符合法律援助条件，决定为其提供法律援助，并指派律师承办此案。受疫情影响，承办律师帮助赵某某通过网上立案。案件庭前第一次调解过程中，被告不承认家中有90万元共同存款的事实，使案件调解陷入僵局。

开庭当天，法官给双方先行协商的机会，承办律师通过出示结婚证和企业的营业执照等证据，证明企业是在夫妻关系存续期间成立和经营的，是夫妻二人的主要生活来源，其收益应当作为夫妻共同财产分割。在承办律师的努

① 参见《司法部发布12起法援惠民生典型案例（一）》，载司法部网站，http：//www.moj.gov.cn/jgsz/jgszzsdw/zsdwflyzzx/flyzzxgzdt/202104/t20210416_356252.html，最后访问时间：2021年11月22日。

力下，被告终于承认双方在共同经营企业过程中积攒下90万元存款的事实，同意存款对半分割，但要求分割房产时应扣除分割财产45万元的份额。承办律师向被告讲解分割财产男女平等，债权债务应平均分配，指出原告失去劳动能力没有生活来源，分割财产时理应对其有所照顾。

最终，被告答应放弃分割住房款，原告也不追究被告出轨的责任，放弃了自己要求多分5万元的诉讼请求。至此，双方就财产分割达成一致，案件调解成功。

这是一起法律援助维护妇女合法权益的典型案例。本案中，法律援助承办律师充分利用法理和情理对被告进行感化，使被告接受调解并认可调解结果。这种方式节约了当事人的时间，减轻了其诉讼负累，实现了较好的社会效果。

☞ **相关法条**

《妇女权益保障法》第7条、第52条

《未成年人保护法》第10条、第104条

《残疾人就业条例》第24条

《工会法律援助办法》

★ **第六十九条　【对外国人和无国籍人提供法律援助的法律适用】** 对外国人和无国籍人提供法律援助，我国法律有规定的，适用法律规定；我国法律没有规定的，可以根据我国缔结或者参加的国际条约，或者按照互惠原则，参照适用本法的相关规定。

☞ **相关法条**

《刑事诉讼法》第 18 条

第七十条　【对军人军属提供法律援助办法的制定】对军人军属提供法律援助的具体办法，由国务院和中央军事委员会有关部门制定。

注释

本条是关于授权国务院和中央军事委员会有关部门制定对军人军属提供法律援助具体办法的规定。

《国务院、中央军委关于进一步加强军人军属法律援助工作的意见》指出，军人军属法律援助事关广大官兵切身利益，事关国防和军队建设，事关社会和谐稳定。

《退役军人保障法》第 70 条规定，县级以上人民政府退役军人工作主管部门应当建立健全退役军人权益保障机制，畅通诉求表达渠道，为退役军人维护其合法权益提供支持和帮助。退役军人的合法权益受到侵害，应当依法解决。公共法律服务有关机构应当依法为退役军人提供法律援助等必要的帮助。

做好军人军属法律援助工作，是司法行政机关和部队有关部门的重要任务，对完善法律援助制度，促进社会公平正义，推动军民融合深度发展，实现党在新形势下的强军目标，增强部队凝聚力战斗力，具有重要意义。

第七十一条　【施行日期】本法自2022年1月1日起施行。

▶▶小测试◀◀①

1. 工会、共产主义青年团、妇女联合会、残疾人联合会等群团组织开展法律援助工作，参照适用《法律援助法》的相关规定。（　　）

2. 对外国人和无国籍人提供法律援助，我国法律有规定的，适用法律规定；我国法律没有规定的，可以根据我国缔结或者参加的国际条约，或者按照____，参照适用《法律援助法》的相关规定。

① 【答案】1. √。2. 互惠原则。

附录一　相关规定

法律援助条例

（2003年7月16日国务院第15次常务会议通过　2003年7月21日中华人民共和国国务院令第385号公布　自2003年9月1日起施行）

第一章　总　　则

第一条　为了保障经济困难的公民获得必要的法律服务，促进和规范法律援助工作，制定本条例。

★ **第二条**　符合本条例规定的公民，可以依照本条例获得法律咨询、代理、刑事辩护等无偿法律服务。

★★ **第三条**　法律援助是政府的责任，县级以上人民政府应当采取积极措施推动法律援助工作，为法律援助提供财政支持，保障法律援助事业与经济、社会协调发展。

法律援助经费应当专款专用，接受财政、审计部门的监督。

★ **第四条** 国务院司法行政部门监督管理全国的法律援助工作。县级以上地方各级人民政府司法行政部门监督管理本行政区域的法律援助工作。

中华全国律师协会和地方律师协会应当按照律师协会章程对依据本条例实施的法律援助工作予以协助。

★ **第五条** 直辖市、设区的市或者县级人民政府司法行政部门根据需要确定本行政区域的法律援助机构。

法律援助机构负责受理、审查法律援助申请，指派或者安排人员为符合本条例规定的公民提供法律援助。

第六条 律师应当依照律师法和本条例的规定履行法律援助义务，为受援人提供符合标准的法律服务，依法维护受援人的合法权益，接受律师协会和司法行政部门的监督。

第七条 国家鼓励社会对法律援助活动提供捐助。

第八条 国家支持和鼓励社会团体、事业单位等社会组织利用自身资源为经济困难的公民提供法律援助。

第九条 对在法律援助工作中作出突出贡献的组织和个人，有关的人民政府、司法行政部门应当给予表彰、奖励。

第二章 法律援助范围

★ **第十条** 公民对下列需要代理的事项，因经济困难没有委托代理人的，可以向法律援助机构申请法律援助：

（一）依法请求国家赔偿的；

（二）请求给予社会保险待遇或者最低生活保障待遇的；

（三）请求发给抚恤金、救济金的；

（四）请求给付赡养费、抚养费、扶养费的；

（五）请求支付劳动报酬的；

（六）主张因见义勇为行为产生的民事权益的。

省、自治区、直辖市人民政府可以对前款规定以外的法律援助事项作出补充规定。

公民可以就本条第一款、第二款规定的事项向法律援助机构申请法律咨询。

★★ **第十一条** 刑事诉讼中有下列情形之一的，公民可以向法律援助机构申请法律援助：

（一）犯罪嫌疑人在被侦查机关第一次讯问后或者采取强制措施之日起，因经济困难没有聘请律师的；

（二）公诉案件中的被害人及其法定代理人或者近亲属，自案件移送审查起诉之日起，因经济困难没有委托诉讼代理人的；

（三）自诉案件的自诉人及其法定代理人，自案件被人民法院受理之日起，因经济困难没有委托诉讼代理人的。

★ **第十二条** 公诉人出庭公诉的案件，被告人因经济困难或者其他原因没有委托辩护人，人民法院为被告人指定辩护时，法律援助机构应当提供法律援助。

被告人是盲、聋、哑人或者未成年人而没有委托辩护人的，或者被告人可能被判处死刑而没有委托辩护人的，人民法院为被告人指定辩护时，法律援助机构应当提供法律援助，无须对被告人进行经济状况的审查。

★ **第十三条** 本条例所称公民经济困难的标准，由省、自治区、直辖市人民政府根据本行政区域经济发展状况和法律援助事业的需要规定。

申请人住所地的经济困难标准与受理申请的法律援助机构所在地的经济困难标准不一致的，按照受理申请的法律援助机构所在地的经济困难标准执行。

第三章　法律援助申请和审查

★ **第十四条**　公民就本条例第十条所列事项申请法律援助，应当按照下列规定提出：

（一）请求国家赔偿的，向赔偿义务机关所在地的法律援助机构提出申请；

（二）请求给予社会保险待遇、最低生活保障待遇或者请求发给抚恤金、救济金的，向提供社会保险待遇、最低生活保障待遇或者发给抚恤金、救济金的义务机关所在地的法律援助机构提出申请；

（三）请求给付赡养费、抚养费、扶养费的，向给付赡养费、抚养费、扶养费的义务人住所地的法律援助机构提出申请；

（四）请求支付劳动报酬的，向支付劳动报酬的义务人住所地的法律援助机构提出申请；

（五）主张因见义勇为行为产生的民事权益的，向被请求人住所地的法律援助机构提出申请。

★ **第十五条**　本条例第十一条所列人员申请法律援助的，应当向审理案件的人民法院所在地的法律援助机构提出申请。被羁押的犯罪嫌疑人的申请由看守所在24小时内转交法律援助机构，申请法律援助所需提交的有关证件、证明材料由看守所通知申请人的法定代理人或者近亲属协助提供。

第十六条 申请人为无民事行为能力人或者限制民事行为能力人的，由其法定代理人代为提出申请。

无民事行为能力人或者限制民事行为能力人与其法定代理人之间发生诉讼或者因其他利益纠纷需要法律援助的，由与该争议事项无利害关系的其他法定代理人代为提出申请。

★ **第十七条** 公民申请代理、刑事辩护的法律援助应当提交下列证件、证明材料：

（一）身份证或者其他有效的身份证明，代理申请人还应当提交有代理权的证明；

（二）经济困难的证明；

（三）与所申请法律援助事项有关的案件材料。

申请应当采用书面形式，填写申请表；以书面形式提出申请确有困难的，可以口头申请，由法律援助机构工作人员或者代为转交申请的有关机构工作人员作书面记录。

第十八条 法律援助机构收到法律援助申请后，应当进行审查；认为申请人提交的证件、证明材料不齐全的，可以要求申请人作出必要的补充或者说明，申请人未按要求作出补充或者说明的，视为撤销申请；认为申请人提交的证件、证明材料需要查证的，由法律援助机构向有关机关、单位查证。

对符合法律援助条件的，法律援助机构应当及时决定提供法律援助；对不符合法律援助条件的，应当书面告知申请人理由。

★ **第十九条** 申请人对法律援助机构作出的不符合法律援助条件的通知有异议的，可以向确定该法律援助机构的司法行政部门提出，司法行政部门应当在收到异议之日起5个工作日内进行审查，经审查认为申请人符合法律援助条件的，应当以书面形式责令法律援助机构及时对该申请人提供法律援助。

第四章 法律援助实施

第二十条 由人民法院指定辩护的案件，人民法院在开庭10日前将指定辩护通知书和起诉书副本或者判决书副本送交其所在地的法律援助机构；人民法院不在其所在地审判的，可以将指定辩护通知书和起诉书副本或者判决书副本送交审判地的法律援助机构。

★ **第二十一条** 法律援助机构可以指派律师事务所安排律师或者安排本机构的工作人员办理法律援助案件；也可以根据其他社会组织的要求，安排其所属人员办理法律援助案件。对人民法院指定辩护的案件，法律援助机构应当在开庭3日前将确定的承办人员名单回复作出指定的人民法院。

第二十二条 办理法律援助案件的人员，应当遵守职业道德和执业纪律，提供法律援助不得收取任何财物。

★★ **第二十三条** 办理法律援助案件的人员遇有下列情形之一的，应当向法律援助机构报告，法律援助机构经审查核实的，应当终止该项法律援助：

（一）受援人的经济收入状况发生变化，不再符合法律援助条件的；

（二）案件终止审理或者已被撤销的；

（三）受援人又自行委托律师或者其他代理人的；

（四）受援人要求终止法律援助的。

第二十四条 受指派办理法律援助案件的律师或者接受安排办理法律援助案件的社会组织人员在案件结案时，应当向法律援助机构提交有关的法律文书副本或者复印件以及结案报告等材料。

法律援助机构收到前款规定的结案材料后，应当向受指派办理法律援助案件的律师或者接受安排办理法律援助案件的社会组织人员支付法律援助办案补贴。

法律援助办案补贴的标准由省、自治区、直辖市人民政府司法行政部门会同同级财政部门，根据当地经济发展水平，参考法律援助机构办理各类法律援助案件的平均成本等因素核定，并可以根据需要调整。

第二十五条 法律援助机构对公民申请的法律咨询服务，应当即时办理；复杂疑难的，可以预约择时办理。

第五章　法律责任

第二十六条　法律援助机构及其工作人员有下列情形之一的，对直接负责的主管人员以及其他直接责任人员依法给予纪律处分：

（一）为不符合法律援助条件的人员提供法律援助，或者拒绝为符合法律援助条件的人员提供法律援助的；

（二）办理法律援助案件收取财物的；

（三）从事有偿法律服务的；

（四）侵占、私分、挪用法律援助经费的。

办理法律援助案件收取的财物，由司法行政部门责令退还；从事有偿法律服务的违法所得，由司法行政部门予以没收；侵占、私分、挪用法律援助经费的，由司法行政部门责令追回，情节严重，构成犯罪的，依法追究刑事责任。

★ **第二十七条**　律师事务所拒绝法律援助机构的指派，不安排本所律师办理法律援助案件的，由司法行政部门给予警告、责令改正；情节严重的，给予1个月以上3个月以下停业整顿的处罚。

第二十八条 律师有下列情形之一的，由司法行政部门给予警告、责令改正；情节严重的，给予1个月以上3个月以下停止执业的处罚：

（一）无正当理由拒绝接受、擅自终止法律援助案件的；

（二）办理法律援助案件收取财物的。

有前款第（二）项违法行为的，由司法行政部门责令退还违法所得的财物，可以并处所收财物价值1倍以上3倍以下的罚款。

第二十九条 律师办理法律援助案件违反职业道德和执业纪律的，按照律师法的规定予以处罚。

第三十条 司法行政部门工作人员在法律援助的监督管理工作中，有滥用职权、玩忽职守行为的，依法给予行政处分；情节严重，构成犯罪的，依法追究刑事责任。

第六章　附　　则

第三十一条　本条例自2003年9月1日起施行。

关于刑事诉讼法律援助工作的规定

（2013 年 2 月 4 日）

第一条 为加强和规范刑事诉讼法律援助工作，根据《中华人民共和国刑事诉讼法》、《中华人民共和国律师法》、《法律援助条例》以及其他相关规定，结合法律援助工作实际，制定本规定。

★ **第二条** 犯罪嫌疑人、被告人因经济困难没有委托辩护人的，本人及其近亲属可以向办理案件的公安机关、人民检察院、人民法院所在地同级司法行政机关所属法律援助机构申请法律援助。

具有下列情形之一，犯罪嫌疑人、被告人没有委托辩护人的，可以依照前款规定申请法律援助：

（一）有证据证明犯罪嫌疑人、被告人属于一级或者二级智力残疾的；

（二）共同犯罪案件中，其他犯罪嫌疑人、被告人已委托辩护人的；

（三）人民检察院抗诉的；

（四）案件具有重大社会影响的。

第三条 公诉案件中的被害人及其法定代理人或者近亲属，自诉案件中的自诉人及其法定代理人，因经济困难没有委托诉讼代理人的，可以向办理案件的人民检察院、人民法院所在地同级司法行政机关所属法律援助机构申请法律援助。

第四条 公民经济困难的标准，按案件受理地所在的省、自治区、直辖市人民政府的规定执行。

★ **第五条** 公安机关、人民检察院在第一次讯问犯罪嫌疑人或者采取强制措施的时候，应当告知犯罪嫌疑人有权委托辩护人，并告知其如果符合本规定第二条规定，本人及其近亲属可以向法律援助机构申请法律援助。

人民检察院自收到移送审查起诉的案件材料之日起3日内，应当告知犯罪嫌疑人有权委托辩护人，并告知其如果符合本规定第二条规定，本人及其近亲属可以向法律援助机构申请法律援助；应当告知被害人及其法定代理人或者近亲属有权委托诉讼代理人，并告知其如果经济困难，可以向法律援助机构申请法律援助。

人民法院自受理案件之日起3日内，应当告知被告人有权委托辩护人，并告知其如果符合本规定第二条规定，本人及其近亲属可以向法律援助机构申请法律援助；应当告知自诉人及其法定代理人有权委托诉讼代理人，并告知其如果经济困难，可以向法律援助机构申请法律援助。人民法院决定再审的案件，应当自决定再审之日起3日内履行相关告知职责。

犯罪嫌疑人、被告人具有本规定第九条规定情形的，公安机关、人民检察院、人民法院应当告知其如果不委托辩护人，将依法通知法律援助机构指派律师为其提供辩护。

第六条 告知可以采取口头或者书面方式，告知的内容应当易于被告知人理解。口头告知的，应当制作笔录，由被告知人签名；书面告知的，应当将送达回执入卷。对于被告知人当场表达申请法律援助意愿的，应当记录在案。

第七条 被羁押的犯罪嫌疑人、被告人提出法律援助申请的，公安机关、人民检察院、人民法院应当在收到申请24小时内将其申请转交或者告知法律援助机构，并于3日内通知申请人的法定代理人、近亲属或者其委托的其他人员协助向法律援助机构提供有关证件、证明等相关材料。犯罪嫌疑人、被告人的法定代理人或者近亲属无法通知的，应当在转交申请时一并告知法律援助机构。

第八条 法律援助机构收到申请后应当及时进行审查并于7日内作出决定。对符合法律援助条件的，应当决定给予法律援助，并制作给予法律援助决定书；对不符合法律援助条件的，应当决定不予法律援助，制作不予法律援助决定书。给予法律援助决定书和不予法律援助决定书应当及时发送申请人，并函告公安机关、人民检察院、人民法院。

对于犯罪嫌疑人、被告人申请法律援助的案件，法律援助机构可以向公安机关、人民检察院、人民法院了解案件办理过程中掌握的犯罪嫌疑人、被告人是否具有本规定第二条规定情形等情况。

★ **第九条** 犯罪嫌疑人、被告人具有下列情形之一没有委托辩护人的，公安机关、人民检察院、人民法院应当自发现该情形之日起3日内，通知所在地同级司法行政机关所属法律援助机构指派律师为其提供辩护：

（一）未成年人；

（二）盲、聋、哑人；

（三）尚未完全丧失辨认或者控制自己行为能力

的精神病人；

（四）可能被判处无期徒刑、死刑的人。

第十条 公安机关、人民检察院、人民法院通知辩护的，应当将通知辩护公函和采取强制措施决定书、起诉意见书、起诉书、判决书副本或者复印件送交法律援助机构。

通知辩护公函应当载明犯罪嫌疑人或者被告人的姓名、涉嫌的罪名、羁押场所或者住所、通知辩护的理由、办案机关联系人姓名和联系方式等。

第十一条 人民法院自受理强制医疗申请或者发现被告人符合强制医疗条件之日起3日内，对于被申请人或者被告人没有委托诉讼代理人的，应当向法律援助机构送交通知代理公函，通知其指派律师担任被申请人或被告人的诉讼代理人，为其提供法律帮助。

人民检察院申请强制医疗的，人民法院应当将强制医疗申请书副本一并送交法律援助机构。

通知代理公函应当载明被申请人或者被告人的姓名、法定代理人的姓名和联系方式、办案机关联系人姓名和联系方式。

第十二条 法律援助机构应当自作出给予法律援助决定或者自收到通知辩护公函、通知代理公函之日起3日内，确定承办律师并函告公安机关、人民检察院、人民法院。

法律援助机构出具的法律援助公函应当载明承办律师的姓名、所属单位及联系方式。

第十三条 对于可能被判处无期徒刑、死刑的案件，法律援助机构应当指派具有一定年限刑事辩护执业经历的律师担任辩护人。

对于未成年人案件，应当指派熟悉未成年人身心特点的律师担任辩护人。

第十四条 承办律师接受法律援助机构指派后，应当按照有关规定及时办理委托手续。

承办律师应当在首次会见犯罪嫌疑人、被告人时，询问是否同意为其辩护，并制作笔录。犯罪嫌疑人、被告人不同意的，律师应当书面告知公安机关、人民检察院、人民法院和法律援助机构。

★ **第十五条** 对于依申请提供法律援助的案件，犯罪嫌疑人、被告人坚持自己辩护，拒绝法律援助机构指派的律师为其辩护的，法律援助机构应当准许，并作出终止法律援助的决定；对于有正当理由要求更换律师的，法律援助机构应当另行指派律师为其提供辩护。

对于应当通知辩护的案件，犯罪嫌疑人、被告人拒绝法律援助机构指派的律师为其辩护的，公安机关、人民检察院、人民法院应当查明拒绝的原因，有正当理由的，应当准许，同时告知犯罪嫌疑人、被告人需另行委托辩护人。犯罪嫌疑人、被告人未另行委托辩护人的，公安机关、人民检察院、人民法院应当及时通知法律援助机构另行指派律师为其提供辩护。

第十六条 人民检察院审查批准逮捕时，认为犯罪嫌疑人具有应当通知辩护的情形，公安机关未通知法律援助机构指派律师的，应当通知公安机关予以纠正，公安机关应当将纠正情况通知人民检察院。

第十七条 在案件侦查终结前，承办律师提出要求的，侦查机关应当听取其意见，并记录在案。承办律师提出书面意见的，应当附卷。

第十八条 人民法院决定变更开庭时间的，应当在开庭3日前通知承办律师。承办律师有正当理由不能按时出庭的，可以申请人民法院延期开庭。人民法院同意延期开庭的，应当及时通知承办律师。

第十九条 人民法院决定不开庭审理的案件，承办律师应当在接到人民法院不开庭通知之日起10日内向人民法院提交书面辩护意见。

第二十条 人民检察院、人民法院应当对承办律师复制案卷材料的费用予以免收或者减收。

第二十一条 公安机关在撤销案件或者移送审查起诉后，人民检察院在作出提起公诉、不起诉或者撤销案件决定后，人民法院在终止审理或者作出裁决后，以及公安机关、人民检察院、人民法院将案件移送其他机关办理后，应当在5日内将相关法律文书副本或者复印件送达承办律师，或者书面告知承办律师。

公安机关的起诉意见书，人民检察院的起诉书、不起诉决定书，人民法院的判决书、裁定书等法律文书，应当载明作出指派的法律援助机构名称、承办律师姓名以及所属单位等情况。

★ **第二十二条** 具有下列情形之一的，法律援助机构应当作出终止法律援助决定，制作终止法律援助决定书发送受援人，并自作出决定之日起3日内函告公安机关、人民检察院、人民法院：

（一）受援人的经济收入状况发生变化，不再符合法律援助条件的；

（二）案件终止办理或者已被撤销的；

（三）受援人自行委托辩护人或者代理人的；

（四）受援人要求终止法律援助的，但应当通知辩护的情形除外；

（五）法律、法规规定应当终止的其他情形。

公安机关、人民检察院、人民法院在案件办理过程中发现有前款规定情形的，应当及时函告法律援助机构。

第二十三条 申请人对法律援助机构不予援助的决定有异议的，可以向主管该法律援助机构的司法行政机关提出。司法行政机关应当在收到异议之日起5个工作日内进行审查，经审查认为申请人符合法律援助条件的，应当以书面形式责令法律援助机构及时对该申请人提供法律援助，同时通知申请人；认为申请人不符合法律援助条件的，应当维持法律援助机构不予援助的决定，并书面告知申请人。

受援人对法律援助机构终止法律援助的决定有异议的，按照前款规定办理。

★ **第二十四条** 犯罪嫌疑人、被告人及其近亲属、法定代理人，强制医疗案件中的被申请人、被告人的法定代理人认为公安机关、人民检察院、人民法院应当告知其可以向法律援助机构申请法律援助而没有告知，或者应当通知法律援助机构指派律师为其提供辩护或者诉讼代理而没有通知的，有权向同级或者上一级人民检察院申诉或者控告。人民检察院应当对申诉或者控告及时进行审查，情况属实的，通知有关机关予以纠正。

★ **第二十五条** 律师应当遵守有关法律法规和法律援助业务规程，做好会见、阅卷、调查取证、解答咨询、参加庭审等工作，依法为受援人提供法律服务。

律师事务所应当对律师办理法律援助案件进行业务指导，督促律师在办案过程中尽职尽责，恪守职业道德和执业纪律。

第二十六条 法律援助机构依法对律师事务所、律师开展法律援助活动进行指导监督，确保办案质量。

司法行政机关和律师协会根据律师事务所、律师履行法律援助义务情况实施奖励和惩戒。

公安机关、人民检察院、人民法院在案件办理过程中发现律师有违法或者违反职业道德和执业纪律行为，损害受援人利益的，应当及时向法律援助机构通报有关情况。

第二十七条 公安机关、人民检察院、人民法院和司法行政机关应当加强协调，建立健全工作机制，做好法律援助咨询、申请转交、组织实施等方面的衔接工作，促进刑事法律援助工作有效开展。

第二十八条 本规定自2013年3月1日起施行。2005年9月28日最高人民法院、最高人民检察院、公安部、司法部下发的《关于刑事诉讼法律援助工作的规定》同时废止。

附录二　实用图表

<table>
<tr><th colspan="3">刑事案件法律援助的情形</th></tr>
<tr><td rowspan="2">依申请</td><td colspan="2">刑事案件的犯罪嫌疑人、被告人因经济困难或者其他原因没有委托辩护人的，本人及其近亲属（夫、妻、父、母、子、女、同胞兄弟姊妹）可以向法律援助机构申请法律援助。</td></tr>
<tr><td colspan="2">刑事公诉案件的被害人及其法定代理人或者近亲属，刑事自诉案件的自诉人及其法定代理人，刑事附带民事诉讼案件的原告人及其法定代理人，因经济困难没有委托诉讼代理人的，可以向法律援助机构申请法律援助。</td></tr>
<tr><td>依职权</td><td>应当通知指派</td><td>刑事案件的犯罪嫌疑人、被告人属于下列人员之一，没有委托辩护人的，人民法院、人民检察院、公安机关应当通知法律援助机构指派律师担任辩护人：
(1) 未成年人；
(2) 视力、听力、言语残疾人；
(3) 不能完全辨认自己行为的成年人；
(4) 可能被判处无期徒刑、死刑的人；
注意：对可能被判处无期徒刑、死刑的人，以及死刑复核案件的被告人，法律援助机构收到人民法院、人民检察院、公安机关通知后，应当指派具有3年以上相关执业经历的律师担任辩护人。</td></tr>
</table>

续表

<table>
<tr><td rowspan="4">依职权</td><td rowspan="2">应当通知指派</td><td>(5) 申请法律援助的死刑复核案件被告人；
(6) 缺席审判案件的被告人；
(7) 法律法规规定的其他人员。</td></tr>
<tr><td>强制医疗案件的被申请人或者被告人没有委托诉讼代理人的，人民法院应当通知法律援助机构指派律师为其提供法律援助。</td></tr>
<tr><td>可以通知指派</td><td>其他适用普通程序审理的刑事案件，被告人没有委托辩护人的，人民法院可以通知法律援助机构指派律师担任辩护人。</td></tr>
<tr><td colspan="2">注意：人民法院、人民检察院、公安机关通知法律援助机构指派律师担任辩护人时，不得限制或者损害犯罪嫌疑人、被告人委托辩护人的权利。</td></tr>
<tr><td colspan="3">民事、行政案件法律援助的情形</td></tr>
<tr><td>因经济困难没有委托代理人</td><td colspan="2">(1) 依法请求国家赔偿；
(2) 请求给予社会保险待遇或者社会救助；
(3) 请求发给抚恤金；
(4) 请求给付赡养费、抚养费、扶养费；
(5) 请求确认劳动关系或者支付劳动报酬；
(6) 请求认定公民无民事行为能力或者限制民事行为能力；</td></tr>
</table>

续表

因经济困难没有委托代理人	(7) 请求工伤事故、交通事故、食品药品安全事故、医疗事故人身损害赔偿； (8) 请求环境污染、生态破坏损害赔偿； (9) 法律、法规、规章规定的其他情形。
不受经济困难条件限制的情形	(1) 英雄烈士近亲属为维护英雄烈士的人格权益； (2) 因见义勇为行为主张相关民事权益； (3) 再审改判无罪请求国家赔偿； (4) 遭受虐待、遗弃或者家庭暴力的受害人主张相关权益； (5) 法律、法规、规章规定的其他情形。

ISBN 978-7-5216-2341-3

定价：25.00元

图书在版编目（CIP）数据

中华人民共和国法律援助法：大字学习版／中国法制出版社编．—北京：中国法制出版社，2022．1
（法律法规大字学习版）
ISBN 978-7-5216-2341-3

Ⅰ．①中… Ⅱ．①中… Ⅲ．①法律援助-法律-中国 Ⅳ．①D926

中国版本图书馆 CIP 数据核字（2021）第 256379 号

责任编辑：成知博　　封面设计：李　宁

中华人民共和国法律援助法：大字学习版

ZHONGHUA RENMIN GONGHEGUO FALÜ YUANZHUFA：DAZI XUEXIBAN

编者/中国法制出版社
经销/新华书店
印刷/三河市国英印务有限公司
开本/880 毫米×1230 毫米　32 开　　印张/ 4.5　字数/ 75 千
版次/2022 年 1 月第 1 版　　2022 年 1 月第 1 次印刷

中国法制出版社出版
书号 ISBN 978-7-5216-2341-3　　定价：25.00 元

北京市西城区西便门西里甲 16 号西便门办公区
邮政编码：100053　　传真：010-63141852
网址：http：//www.zgfzs.com　　**编辑部电话：010-63141813**
市场营销部电话：010-63141612　　**印务部电话：010-63141606**

（如有印装质量问题，请与本社印务部联系。）